# ACCESO GRATIS a la Lectura en la Nube

Para visualizar el libro electrónico en la nube de lectura envíe junto a su nombre y apellidos una fotografía del código de barras situado en la contraportada del libro y otra del ticket de compra a la dirección:

**ebooktirant@tirant.com**

En un máximo de 72 horas laborables le enviaremos el código de acceso con sus instrucciones.

AF276023

# Género, educación y sociedad
## Exploraciones críticas

Editoras:
Nahia Idoiaga Mondragon
Maria Orcasitas-Vicandi
Gorka Roman Etxebarrieta

# Género, educación y sociedad
## Exploraciones críticas

**tirant humanidades**
Valencia, 2026

**Director de la colección:**
Juan Manuel Fernández Soria

© VV.AA

© TIRANT HUMANIDADES
EDITA: TIRANT HUMANIDADES
C/ Artes Gráficas, 14 - 46010 - Valencia
TELFS.: 96/361 00 48 - 50
FAX: 96/369 41 51
Email:tlb@tirant.com
www.tirant.com
Librería virtual: www.tirant.es
ISBN: 978-84-1081-600-8
MAQUETA: Tirant lo Blanch
Deposito legal: V-5072-2025

# Índice

## Parte 4: Adolescentes, Medios y Nuevas Tendencias

# Nota de las editoras

La educación con perspectiva de género busca transformar las estructuras tradicionales y superar las barreras impuestas por roles y estereotipos, promoviendo la igualdad de oportunidades y el respeto a la diversidad (Ballarín, 2017; García, 2001). Este enfoque coeducativo pretende eliminar desigualdades y discriminaciones, ofreciendo un espacio para la reflexión, la deconstrucción de prejuicios y el empoderamiento individual y colectivo (Monkman, 2011).

Desde esta visión, es crucial incorporar en el ámbito educativo investigaciones y prácticas que cuestionen las normas sociales imperantes y promuevan una pedagogía inclusiva que sitúe en el centro el respeto por todas las identidades y trayectorias (Alonso-Sanz, 2023). Reconocer las voces históricamente silenciadas y analizar los retos actuales desde una perspectiva de género es imprescindible para avanzar hacia una sociedad más equitativa y justa (Chavous et al., 2008).

Este libro reúne una serie de investigaciones y reflexiones que abordan la igualdad de género en diferentes contextos, edades y esferas sociales. Su propósito es visibilizar estos estudios y experiencias, proporcionando una base para la reflexión, el debate y la acción. Los capítulos que lo conforman están organizados de manera que guían al lector desde los fundamentos de la coeducación hacia las complejidades de la realidad actual, con el objetivo de inspirar y fomentar cambios significativos.

El recorrido comienza con un análisis de los recursos y materiales educativos necesarios para implementar los ODS desde la perspectiva de género, elaborado por Juan-Francisco Álvarez-Herrero. Continúa con una exploración sobre la educación artística como herramienta para la inclusión, desarrollada por Sandra Patricia Bautista Santos, y un estudio de las narrativas excluyentes presentes en las portadas de novelas infantiles, a cargo de Sandra Peñasco González y Andrea Maceiras Lafuente. Estas primeras reflexiones destacan la importancia de la educación como espacio transformador.

La segunda sección se centra en el cuerpo y la actividad física, abordando la igualdad de género en la educación corporal en España, analizada por Eva Guardiola Samá y Lurdes Martínez Mínguez, y los hábitos de actividad física de las mujeres guipuzcoanas según la edad, investigados por Olaia Eizagirre-Sagastibeltza, Ruth Cayero, Estibaliz Romaratezabala, Oidui Usabiaga y Uxue Fernández-Lasa. Estas contribuciones subrayan la relevancia del bienestar físico y su relación con el género.

Posteriormente, el enfoque se traslada a temas más complejos y sensibles. Elda Ugarte Mota, María Sánchez Gómez, Arantzazu Rodríguez Fernández y Eider Goñi Palacios examinan la detección temprana de trastornos de la conducta alimentaria en alumnado de primaria, mientras que Ander Arcos Alonso, Itsaso Fernández de la Cuadra-Liesa y Asier Arcos-Alonso abordan la percepción de la violencia vinculada a la masculinidad hegemónica en la adolescencia vizcaína. Además, Uxue Llano Abasolo, Joana Jaureguizar Alboniga-Mayor, Itsaso Biota Piñeiro e Irati Becerril Atxikallende analizan el impacto del consumo de pornografía online en adolescentes de Álava. Estas investigaciones ofrecen una visión crítica de los retos actuales en torno a la salud, la violencia y la sexualidad.

Finalmente, el libro aborda el ámbito universitario y los discursos emergentes, como las voces antifeministas presentes en alumnado universitario, exploradas por Nahia Idoiaga Mondragón, Idoia Legorburu Fernández, Israel Alonso Sáez y Maitane Picaza Gorrotxategi, quienes invitan a reflexionar sobre las nuevas resistencias a la igualdad de género.

A través de estos capítulos, esperamos ofrecer una herramienta útil para profesionales de la educación, investigadores y cualquier persona interesada en la construcción de una sociedad más igualitaria. Este trabajo no solo pretende ser un espacio de análisis y debate, sino también una inspiración para continuar trabajando en favor de la coeducación y la igualdad.

# Referencias bibliográficas

Alonso-Sanz, A. (2023). *Miradas diversas para la escuela que deseamos: coeducación inclusiva con artes*. Ediciones Octaedro.

Ballarín Domingo, P. (2017). ¿ Se enseña coeducación en la Universidad?. *Atlánticas–Revista Internacional de Estudios Feministas*, 2(1), 7-31.

Chavous, T. M., Rivas-Drake, D., Smalls, C., Griffin, T., & Cogburn, C. (2008). Gender matters, too: the influences of school racial discrimination and racial identity on academic engagement outcomes among African American adolescents. *Developmental psychology, 44*(3), 637.

García, M. G. (2001). La coeducación como modelo escolar: reconocer la igualdad y la diferencia. *La educación de las mujeres: nuevas perspectivas*, (17), 133.

Monkman, K. (2011). Framing gender, education and empowerment. *Research in Comparative and International Education*, 6(1), 1-13.

# Parte 1: Educación y Género: Una Base para la Inclusión

# Recursos y materiales para implementar los ODS en el ámbito educativo español. Difusión y autoría de los mismos bajo la perspectiva de género

Álvarez-Herrero, Juan-Francisco
*Universidad de Alicante, juanfran.alvarez@ua.es*

## Resumen

La educación es el mejor ámbito para dar visibilidad, concienciar y actuar en torno a los Objetivos de Desarrollo Sostenible (ODS). Sin embargo, en los últimos años parece que no se están implementando suficientemente. Hay acciones, pero no dejan de ser pocas y poco visibles. De ahí que en esta investigación se pretenda localizar y dar una mayor visibilidad a los recursos y posibles acciones que los docentes cuentan a su disposición en Internet. Y ya puestos, averiguar qué ocurre con la autoría de los mismos, si esta obedece a una cuestión de género. Tras una búsqueda exhaustiva en Internet, fueron localizados 40 recursos, y en los 20 de ellos que sí tenían una autoría personalizada, se constató que en su gran mayoría habían sido realizados por mujeres y muchas veces formando equipos o grupos de trabajo. Ello supone que dichos recursos tienen una mejor perspectiva entorno al problema de la brecha de género. Pero sigue siendo insuficiente y de ahí que urge seguir poniendo en valor estos recursos, generar otros muchos y llevarlos a la práctica, si queremos mejorar la sostenibilidad de nuestro planeta.

**Palabras clave:** ODS, recursos educativos, autoría, género, brecha de género

# Introducción

La sociedad actual debería estar comprometida con la conservación y preservación de nuestro mundo si pretendemos seguir viviendo en este por muchos años más. Sin embargo, sólo hemos sabido alterarlo, contaminarlo y hacerlo cada día menos apto para la vida. En 2015, la Organización de Naciones Unidas (ONU), promulgó la Resolución de su Asamblea General de 25 de septiembre de 2015, por la que se aprueba a agenda 2030 para el Desarrollo Sostenible con el título: Transformar nuestro mundo: la Agenda 2030 para el desarrollo sostenible. De esta resolución nacen los 17 Objetivos de Desarrollo Sostenible (ODS) que hoy todos conocemos y llevamos a la práctica. Sin embargo, esta última afirmación es excesivamente optimista en sus dos términos. Ni todo el mundo conoce los ODS, ni mucho menos todas las personas de este planeta que los conocen, los ponen en práctica o están concienciadas con su necesidad de intervención. Sin ir más lejos, en el mundo de la educación, que es en el que vamos a centrar nuestra investigación, son muchos los estudiantes e incluso docentes, que desconocen el término de los ODS (Baena-Morales, 2021; Blanco et al., 2023). Y son muchos más, tanto docentes como estudiantes, los que no hacen ni realizan ninguna intervención en pro de la sostenibilidad de nuestro planeta (Ramos, 2021).

En España, y dentro de los currículums de los diferentes niveles, cursos y etapas educativas, estos contenidos no están tan presentes como debería. Si en otros años, estos contenidos de Educación para la Sostenibilidad o el trabajar la Educación Ambiental, eran considerados contenidos transversales (Álvarez-Herrero et al., 2023); en la actualidad no dejan de ser meros espejismos y sólo aparecen en aquellos centros y en aquellas aulas donde los docentes y/o equipos directivos han tenido buena voluntad de llevarlos a cabo. Y estamos hablando de un compromiso social global, de llevar los ODS hacía adelante con la meta fijada en el año 2030. Precisamente es la educación el mejor ámbito con el que afrontar estos ODS, pues de ella depende la formación de los ciudadanos del mañana. Tal y como decía Nelson Mandela: La educación es la mejor arma para cambiar el mundo, y precisamente de esta arma no estamos haciendo el uso que deberíamos si es que realmente aspiramos a cambiar el mundo. Pero estaría mal que no hiciésemos mención a aquellas acciones que sí se están llevando a cabo desde los centros, y aunque puntuales y esporádicas, son acciones muy loables que conviene destacar (Calles, 2020; Pecci-Oviedo, 2020).

Cuando nos paramos a analizar quienes promueven estas acciones que ya se están llevando a cabo en los centros e instituciones educativas, cabe preguntarse quienes están detrás de todo ello y si hay una brecha o una cuestión de género detrás de ello. Y este es precisamente el objetivo de esta investigación: conocer, difundir y analizar los recursos y acciones que sobre los ODS se están llevando a cabo en el ámbito educativo español y averiguar quiénes son los responsables de todo ello para así comprobar si se trata de una cuestión de género.

## Metodología

Para localizar aquellos recursos y acciones más relevantes que se están generando en torno a los ODS en el mundo educativo, la metodología que se siguió fue una metodología descriptiva, ya que básicamente buscamos en el buscador Google, aquellos primeros resultados (los más importantes) que daban de combinar estas tres palabras clave: recursos, ODS, y educación. La búsqueda dio más de seis y medio millones de resultados, pero solo hizo falta analizar los 50 primeros resultados para dar cuenta de lo que pretendíamos conseguir. Algunos de estos primeros resultados, incorporaban un repositorio o listado de recursos más recomendados para llevar los ODS a las aulas, y también se fueron descartando los duplicados y todos aquellos enlaces y recursos que habían quedado obsoletos o habían desaparecido. Otra cuestión que tuvimos que considerar fue el que algunos recursos, su autoría venía con nombres y apellidos, mientras que otros correspondían a colectivos, organizaciones, instituciones o equipos que firmaban los recursos con el nombre grupal, y no con nombres y apellidos de las autoras y los autores.

Por ello, acordamos considerar solo 20 recursos con autoría personalizada con el nombre y apellidos de sus autores, y dado que entre los propósitos de esta investigación estaba el localizar, conocer y difundir buenos recursos sobre los ODS para las aulas, decidimos también seleccionar otros 20 recursos con una autoría despersonalizada y grupal, ya que por su relevancia e interés merecen ser mencionados. Esta selección de recursos se ha realizado de manera imparcial y sin prejuicios, a partir de materiales que son públicos y accesibles por cualquiera en Internet, respetando en todo momento los derechos de autor y las normas éticas para el uso de estos materiales. Aunque la intencionalidad de esta investigación no busca el uso de estos materiales y sí conocer el género de su autoría, se respetó en todo momento la confidencialidad de las personas autoras y para el análisis de los resultados, dichas personas fueron simplemente contabilizadas como un número y sin tener en cuenta para nada su identidad o datos personales.

## Resultados

Entre los 20 recursos con autoría personalizada, que se pueden consultar en la Tabla 1, podemos ver que la mayoría corresponden a recursos realizados por organizaciones, las diferentes administraciones (tanto autonómicas como estatales), así como por asociaciones y otros colectivos sin intereses comerciales. Sólo en contados casos correspondían a personas independientes (docentes generalmente). Aunque sí cabe destacar que a todos los recursos localizados se podía acceder a ellos de forma libre y gratuita.

**Tabla 1. Listado de recursos sobre ODS y educación con autoría personalizada y con sus respectivas urls.**

| ID | Recurso | URL |
|---|---|---|
| 01 | Guía de recursos de educación ambiental: para contribuir a la solución (CENEAM) | https://www.miteco.gob.es/es/ceneam/recursos/materiales/guia-recursos-educacion-ambiental-ceneam.html |
| 02 | Manual para el Profesorado: ODS y Agenda 2030 (CIFAL Málaga) | https://cifalmalaga.org/publicacion/manual-para-el-profesorado-ods-y-agenda-2030-2/ |
| 03 | Guía didáctica: Conecta con los ODS (Generalitat Valenciana) | https://camargoeducacion.es/wp-content/uploads/Guia-didactica-Conecta-con-los-ODS_-Version-imprimible.pdf |
| 04 | Guía didáctica: Centros Educaivos por el Comercio Justo (IDEAS Comercio Justo) | https://ideas.coop/wp-content/uploads/2019/11/guia_Centros_educativos_web.pdf |
| 05 | Guía para la elaboración de planes de adaptación al cambio climático en escuelas (SEO BirdLife) | https://seo.org/wp-content/uploads/2021/08/Guia_Adaptacion_CC_Escuelas_SEO_BirdLife.pdf |
| 06 | Hendere y el derecho a la educación: los ODS en la escuela. Descubre los ODS con Hendere. Materiales didácticos del proyecto (CNIIE) | https://sede.educacion.gob.es/publiventa/descarga.action?f_codigo_agc=18833 |
| 07 | Cuaderno de Economía y ODS | https://drive.google.com/file/d/102G2he-KxEMQmwnBTSS41y1TqBuhoQE_y/view |
| 08 | Guía Prado: Sostenibilizar el currículo de la Educación Secundaria (UNED) | http://e-spacio.uned.es/fez/eserv/bibliuned:catedraUnescoEADS-Libros-Amurgaooo1/MurgaMenoyo_MAngeles_Guia.pdf |
| 09 | Maleta pedagógica: Menús sostenibles–Planeta saludable (Garúa y CERAI) | https://drive.google.com/file/d/18v4Tk6C-k5xSw2HVony-TnouAkhe2DH5C/view |
| 10 | Juego: Agentes Globales | https://leyrerebollo.wixsite.com/agentesglobales |
| 11 | Acercando el Comercio justo a jóvenes (12-16 años). Manual para educadores/as. | https://comerciojusto.org/wp-content/uploads/2021/01/MANUAL-EDUCADORES-AS-DEF.pdf |
| 12 | Batera 2030: una maleta feminista para trabajar los ODS (BATERA 2030) | https://www.batera2030.org/wp-content/uploads/2018/12/Una-Maleta-Feminista-Para-Trabajar-los-ODS_-ilovepdf-compressed.pdf |
| 13 | El desafío de los ODS en secundaria. Programa Docentes para el desarrollo. (ACECID) | https://www3.gobiernodecanarias.org/medusa/ecoescuela/easostenibilidad/files/2021/02/18829-1.pdf |
| 14 | Objetivos de Desarrollo Sostenible – Guía para el profesorado (OXFAM) | https://www.kaidara.org/wp-content/uploads/2020/09/Objetivos-de-desarrollo-sostenible-guia-para-el-profesorado.pdf |

| | | |
|---|---|---|
| 15 | Guía de recursos para la implementación de los 17 ODS en el trabajo con jóvenes entre 14 y 30 años. (Gobierno de Canarias) | https://grancanariajoven.grancanaria.com/files/uploads/files/Actualidad%202021/Gu%-C3%ADa%20de%20recursos%20S%C3%BA-mate%20a%20los%20ODS.pdf |
| 16 | Un SPOT para decir STOP (FAD) | https://www.fad.es/wp-content/uploads/2019/05/Gu%C3%ADa-Did%C3%A1c-tica-Un-Spot-para-decir-Stop-5%C2%AA-Edi-ci%C3%B3n-2019.pdf |
| 17 | Guía didáctica: transformando nuestro mundo. Accionando aulas. (Paz y desarrollo) | https://epd.caongd.org/wp-content/uploads/2022/03/Copia-de-Guia-didactica-Pa-lante-es-palla-1_compressed.pdf |
| 18 | Guía para formadores/as: El mundo es vuestro (FAD) | https://epd.caongd.org/wp-content/uploads/2021/09/El-mundo-es-vuestro_Guia-del-Formador.pdf |
| 19 | Harry Potter y el robo del arcoíris | https://sites.google.com/view/hp-y-el-robo-del-arcoiris/inicio |
| 20 | Ficha didáctica 4: Educación de calidad | https://odsextremadura.es/wp-content/uploads/2018/06/Objetivo-ODS-4-educa-cion-2.pdf |

**Fuente: elaboración propia**

Como ya hemos comentado en la metodología, también se localizaron muchos recursos en los que la autoría no estaba personalizada, sino que hacía mención a un grupo o colectivo, y que, por su relevancia, interés y aplicación, hemos considerado que debían estar también presentes en esta investigación. Tal y como se puede constatar en la Tabla 2, estos recursos obedecen todos ellos a colectivos, organizaciones, administraciones o asociaciones. Igualmente, todos estos recursos se podían obtener de forma libre y gratuita en Internet en los enlaces que se describen en la Tabla 2.

# Tabla 2. Listado de recursos sobre ODS y educación con autoría no personalizada y con sus respectivas urls.

| ID | Recurso | URL |
|---|---|---|
| 21 | 170 acciones diarias para transformar nuestro mundo (Oficina de las Naciones Unidas en Ginebra) | https://www.un.org/sustainabledevelopment/es/wp-content/uploads/sites/3/2018/08/170Actions-web_Sp.pdf |
| 22 | Guía de recursos educativos para trabajar los ODS (Fondo Cantabria Coopera) | https://www.fondocantabriacoopera.org/documents/1910136/2160976/773647/d59891da-6741-9613-8261-5a3ab124df2c |
| 23 | Actúa ahora (ONU) | https://www.un.org/es/actnow/ |
| 24 | Juego: Go-Goals (ONU) | https://go-goals.org/es/ |
| 25 | Cuento: Frieda – El mensaje universal de los Objetivos de Desarrollo Sostenible (UNIC) | https://issuu.com/unpublications/docs/spanish_frieda_2018_final |
| 26 | Operación Objetivos de Desarrollo Sostenible – Juego de Escape Virtual del CEDREAC. | https://view.genial.ly/623b10bdfb05800014d-6d5d1 |
| 27 | Objetivos de Desarrollo Sostenible. ¿Por qué son importantes? (ONU Perú) | https://camargoeducacion.es/wp-content/uploads/objetivos-de-desarrollo-sostenible-ods-por-que-son-tan-importantes-.pdf |
| 28 | Teachers for future – Spain. Acciones por el clima y educación ecosocial. | https://teachersforfuturespain.org/ |
| 29 | Programa Docentes para el Desarrollo: EpDCG en Centros educativos | https://www.aecid.es/ES/la-aecid/educaci%C3%B3n-y-sensibilizaci%C3%B3n-para-el-desarrollo/programa-docentes-para-el-desarrollo-epd-en-centros-educativos |
| 30 | La Lección más grande del mundo (Worlds Largest Lesson) | https://worldslargestlesson.globalgoals.org/es/ |
| 31 | Los jóvenes cambiando el mundo. Una guía para proyectos de servicio. (YSA) | https://d3n8a8pro7vhmx.cloudfront.net/gysd/pages/6197/attachments/original/1422403246/YOUth_Changing_the_World_Spanish.pdf?1422403246 |
| 32 | Guía didáctica: El botiquín de la solidaridad (AMYCOS) | https://amycos.org/admcms/wp-content/uploads/2022/01/guiadidactica_botiquin.pdf |
| 33 | Objetivos por un Desarrollo Sostenible. Material didáctico para el profesorado de educación infantil y primaria (Paz y Solidaridad) | https://castillayleon.ccoo.es/8ae65f73441416c-9f4a80c2ea43da02d000066.pdf |
| 34 | Las niñas y los niños nos cuentan el mundo (Instituto Sindical de Cooperación al Desarrollo de la Generalitat Valenciana – ISCOD-PV) | https://www.elaularevuelta.org/wp-content/uploads/ActividadesCastellano-ODS.pdf |
| 35 | Guía para pasar a la acción (Cruz Roja España) | https://www.imagenessinderechos.com/wp-content/uploads/Guia-pasar-a-la-accion.pdf |

| 36 | Las 5 "P" del Desarrollo Sostenible (InteRed) | https://www.intered.org/es/recursos/las-5-p-del-desarrollo-sostenible |
|---|---|---|
| 37 | El secreto de un mundo mejor. 17 Objetivos de Desarrollo Sostenible. (ONGD Solidaridad Don Bosco) | https://boscoglobal.org/materiales-educativos/agenda-2030/ |
| 38 | Fichero de Propuestas Didácticas sobre Cambio Climático (Argos Proyectos Educativos) | https://www.juntadeandalucia.es/averroes/centros-tic/14007374/helvia/sitio/upload/Fichero_de_propuestas_didacticas_sobre_cambio_climatico.pdf |
| 39 | ¡Despierta, el cambio climático está aquí! (ADESVAL) | https://adesval.org/cambioclimatico/web/wp-content/uploads/2014/09/Cambio-climatico_es.pdf |
| 40 | Recopilación Actividades de Educación para el Desarrollo Sostenible (SCOUTS ASDE) | https://www.scout.es/wp-content/uploads/2020/07/Dossier-Recopilacion-actividades-EpDS-1.pdf |

Fuente: elaboración propia

Una vez considerados los diferentes recursos, y con la misión de poder dar respuesta al segundo objetivo de esta investigación, de si dichos recursos obedecen a una cuestión de género; pasamos a analizar la autoría de aquellos recursos personalizados, y los resultados obtenidos se pueden ver en la Tabla 3.

**Tabla 3. Género y número de autores de los recursos sobre ODS y educación más relevantes.**

| | Nº autores/as | % Autoría Hombre | % Autoría Mujer |
|---|---|---|---|
| 01 | 8 | 12,5 | 87,5 |
| 02 | 1 | 0 | 100 |
| 03 | 4 | 50 | 50 |
| 04 | 3 | 0 | 100 |
| 05 | 2 | 0 | 100 |
| 06 | 5 | 20 | 80 |
| 07 | 1 | 0 | 100 |
| 08 | 16 | 6,25 | 93,75 |
| 09 | 3 | 0 | 100 |
| 10 | 1 | 0 | 100 |
| 11 | 1 | 0 | 100 |

| 12 | 5 | 0 | 100 |
|---|---|---|---|
| 13 | 7 | 14,29 | 85,71 |
| 14 | 1 | 0 | 100 |
| 15 | 9 | 22,22 | 77,78 |
| 16 | 4 | 25 | 75 |
| 17 | 2 | 0 | 100 |
| 18 | 3 | 0 | 100 |
| 19 | 1 | 0 | 100 |
| 20 | 4 | 50 | 50 |
| MEDIAS | 4,5 | 10,01 | 89,99 |

Fuente: elaboración propia

Tal y como se puede apreciar en la Tabla 3, existe una mayor presencia de mujeres autoras que de hombres autores de estos recursos. Y también cabe destacar que, en la mayoría de los casos, son recursos que obedecen a una autoría en equipo, es decir, son varias las personas quienes en colaboración han llevado a cabo dichos recursos o materiales.

## Discusión

Entre los retos actuales de la sociedad mundial están el conseguir alcanzar para el año 2030 o cuanto menos, avanzar en su consecución, los ODS. Precisamente uno de los ODS, el 5, hace mención a la necesidad que tenemos en nuestro mundo de lograr la igualdad entre los géneros y de empoderar a todas las mujeres y las niñas. La meta de lograr esta igualdad de género, más que estar presente en uno de los objetivos, debería estar incorporada en todos ellos (Heras, 2019). Máxime cuando la redacción de los ODS, así como las acciones que se están llevando a cabo desde su redacción, parecen seguir estando promovidas por una sociedad en la que domina el liderazgo del hombre frente a la mujer (Gómez, 2018). Se constata que, en el ámbito educativo, la inmensa mayoría de los recursos, acciones y materiales sobre los ODS en las aulas, está liderado por mujeres, en un ámbito en el también son mayoría las mujeres docentes (67,2%) frente a los hombres (MEFP, 2023). Incluso son también las mujeres quienes mejor voz y textos más inclusivos realizan (Núñez-Román et al., 2021) y por ello se agradece que la gran mayoría de estos recursos sobre ODS estén realizados por mujeres. Por tanto, resulta muy conveniente el que, dado que la redacción y criterio de los ODS se queda escasa en su perspectiva de género, esta se vea contrarrestada por una mayor presencia de la mujer en la autoría de los recursos para trabajar los ODS en las aulas, ya que la aportación de las mujeres es más coherente con una visión que reduce la brecha existente.

## Conclusiones

Tal y como se ha puesto de manifiesto, existe una gran variedad y riqueza de recursos y acciones para llevar los ODS a las aulas. Así mismo, hemos podido constatar que estos recursos están mayormente realizados por grupos o equipos de personas donde un elevado porcentaje de estas son mujeres. Esto supone que los ODS se van a poder trabajar en las aulas desde una perspectiva más coherente con reducir la brecha de género existente.

Sin embargo, todo ello no priva de que sigue siendo necesario dar una mayor visibilidad a estos recursos, para que docentes de todas las etapas educativas puedan implementarlos en sus aulas, así como el de fomentar otras muchas acciones y materiales que conduzcan a un mayor nivel de participación o acción, y que no sólo quede en una ya de por sí necesaria concienciación. Se ha de dotar de una mayor visibilidad a las investigaciones y recursos ya realizados, pero también asegurar esta mayor presencia a todos aquellos estudios y recursos que vendrán en un futuro y que deben seguir los principios éticos comentados y un lenguaje inclusivo.

## Referencias bibliográficas

Álvarez-Herrero, J. F., Bajo García, I., & Cano Sansano, C. (2023). Introducción: Los objetivos de desarrollo sostenible, la educación para el desarrollo sostenible y la universidad. En G. Merma-Molina (Coord.), *Los objetivos de de-*

*sarrollo sostenible en el aula universitaria: estrategias de intervención* (pp. 13-42). Graó.

Baena-Morales, S., Merma-Molina, G., & Gavilán-Martín, D. (2021). ¿Qué conocen los profesores de Educación Física sobre los Objetivos de Desarrollo Sostenible? Un estudio cualitativo-exploratorio. *Retos. Nuevas Tendencias en Educación Física, Deporte y Recreación*, 42, 452-463. https://doi.org/10.47197/retos.v42io.87724

Blanco Fontao, C., Lozano, A., & Blanco Fontao, B. (2023). ¿Conocen los futuros docentes de Educación Primaria los ODS y están formados para implementarlos en las aulas de la LOMLOE? En *Hacia una Educación basada en las evidencias de la investigación y el desarrollo sostenible* (pp. 19-27). Dykinson.

Calles, C. (2020). ODS y educación superior. Una mirada desde la función de investigación. *Revista Educación Superior Y Sociedad (ESS)*, 32(2), 167-201. https://doi.org/10.54674/ess.v32i2.288

Gómez Gil, C. (2018). Objetivos de Desarrollo Sostenible (ODS): una revisión crítica. *Papeles de relaciones ecosociales y cambio global*, 140(1), 107-118.

Heras González, P. (2019). ¿Tienen perspectiva de género los ODS? En M. J. Alarcón (Coord.), *Necesidad de la igualdad de Género para transformar nuestro mundo: Papel de los Objetivos de Desarrollo Sostenible* (pp. 11-38). Diego Marín.

Ministerio de Educación y Formación Profesional (MEFP). (2023). *Igualdad en cifras. MEFP 2023*. MEFP.

Núñez-Román, F., Hunt-Gómez, C. I., Moreno-Crespo, P., & Ballesteros-Moscosio, M. Á. (2021). Género y voz del autor en textos académicos de estudiantes de Ciencias de la Educación. En *IX Conferência Internacional Investigação, Práticas e Contextos em Educação (2021)* (p. 66-73). Escola Superior de Educação e Ciências Sociais. Instituto Politécnico de Leiria

ONU (2015). *Transformar nuestro mundo: la Agenda 2030 para el desarrollo sostenible*. Naciones Unidas. https://bit.ly/ONU2015tnm

Pecci-Oviedo, M. E. (2020). Buenas prácticas hacia el cumplimiento del ODS 7 "Energía Asequible y No Contaminante". *Revista Científica de la UCSA*, 7(3), 72-75. https://doi.org/10.18004/ucsa/2409-8752/2020.007.03.072

Ramos Torres, D. I. (2021). Contribución de la educación superior a los Objetivos de Desarrollo Sostenible desde la docencia. *Revista española de educación comparada*, 37, 89-110. https://doi.org/10.5944/reec.37.2021.27763

# Educación artística para la inclusión desde la perspectiva de género

Bautista Santos, Sandra Patricia
Universidad de Huelva, *sandra.bautista@ddi.uhu.es*

## Resumen

Con la finalidad de brindar aportes en el fomento de una educación más inclusiva desde la perspectiva de género, en este texto se analiza el papel que puede ocupar la educación artística en la escuela, funcionando como una herramienta transformadora de sentidos y significados que promueve la igualdad, desafía estereotipos y fomenta un entorno inclusivo y respetuoso.

En este texto, se exponen los resultados de una propuesta de intervención educativa aplicada a 40 integrantes del alumnado de la asignatura didáctica de la expresión plástica y visual correspondiente al grado de educación primaria de la Universidad de Huelva, durante el curso 2022-2023. En esta propuesta, por medio de la aplicación del modelo educativo crítica de la cultura visual, se llevó al alumnado al análisis de una serie de videoclips de música comercial. En la información que se presenta a lo largo de estas páginas, se puede evidenciar que, a través de este tipo de experiencias, se potencia la capacidad de identificar imaginarios estereotipados de género dentro de estos productos, y que además se fomenta la posibilidad de contrarrestar estos discursos, por medio de la oportunidad de crear un contradiscurso visual, donde se pueden materializar y visibilizar sus conclusiones al respecto.

**Palabras clave:** Educación artística inclusiva, perspectiva de género, crítica a la cultura visual, contradiscurso visual.

# Introducción

## Crítica de la cultura visual: estrategia para la alianza entre la educación artística y la perspectiva de género

> La educación emerge como la herramienta que no solo traslada el legado a las actuales y futuras generaciones, sino que también es el entorno por medio del cual se debe inculcar y despertar la curiosidad (por saber más), se deben forjar los medios para implementar (para utilizar lo ya aprendido) y posicionar como elemento preponderante la crítica constructiva (para no dar por válida toda aseveración recibida)
>
> (Hernández Olea, 2015, p.62).

Tomando como punto de partida el sentido que desprende esta cita, especialmente lo que tiene que ver con la relevancia de impulsar el desarrollo del pensamiento crítico como parte de los procesos educativos que se llevan a cabo en la escuela. La propuesta de intervención y los resultados que se exponen a lo largo de estas páginas, analizan la pertinencia de la alianza entre la educación artística y perspectiva de género, específicamente en la implementación de modelos educativos como el de crítica de la cultura visual en la formación del profesorado del grado de educación primaria.

A continuación, en este apartado introductorio se hace alusión a la vinculación de los tres ámbitos que fundamentan la propuesta de intervención: 1) el modelo educativo crítica de la cultura visual: su utilidad, marco teórico, metodológico y el enfoque sociocultural. 2) Abordaje de la perspectiva de género a través de este modelo y 3) Creación artística con intención crítica y además se hace una breve referencia a la repercusión de la implementación de este modelo en la formación para el profesorado de educación primaria, la que será ampliada por medio de la información expuesta en este texto.

## Modelo educativo crítica de la cultura visual: utilidad, marcos teóricos, metodológicos y enfoque sociocultural

En palabras de Juanola & Montserrat (2004) este modelo "va dirigido a usar las artes para promover una comprensión de la cultura visual, es decir, para ayudar al alumnado a aprender a descodificar los valores y las ideas que encontramos en lo que llamamos cultura popular" (p. 7). En el caso específico de esta intervención, el modelo educativo se aplica al análisis de productos de la cultura visual masificados y difundidos a través de los mass media como los videoclips de música pop y urbana.

Es importante tener en cuenta que para autores como Hernández (2005) "La cultura visual como concepto y como campo de estudios ofrece una serie de marcos teóricos y metodológicos para repensar el papel de las representaciones visuales del presente y del pasado y las posiciones visualizadoras de los sujetos" (p.9). Esto permite llevar a cabo profundos procesos reflexivos sobre las narrativas hegemónicas, brindando también la posibilidad a quienes los experimentan de crear nuevas miradas y formas de interpretación respecto a ellas. De igual manera, debido a que este modelo se enfoca esencialmente en el contexto sociocultural, invita al alumnado a:

Prestar atención y mantener una mirada crítica frente a diversas cuestiones que requieren formas de visualización y posicionamientos más complejos como, por ejemplo, la construcción del género, la intersección de la raza, la clase social, la religión, el sexo, etcétera (Carrasco Segovia, & García-Huidobr, 2016, p.4).

Del mismo modo, este modelo educativo responde a la necesidad de que la educación artística sea abordada como un área curricular capaz "de conectar al alumnado con la capacidad para desarrollar el pensamiento crítico visual que les haga entenderse" (Acaso, 2024, p.1) a sí mismos y al contexto al que pertenecen.

## Abordaje de la perspectiva de género a través de este modelo

Desde el punto de vista de género y debido a que "la formación de profesionales de educación requiere dotarlos de una preparación integral que les permita enfrentar las situaciones vinculadas a las relaciones entre mujeres y hombres" (Infante Cabrera & Fernández Pérez, 2021, p.275), la implementación de este modelo es un complemento pedagógico muy adecuado. En el caso específico de los profesionales dedicados a la educación Artística, "estos aspectos resultan determinantes, pues el arte, al favorecer la sensibilización de los sujetos, puede incidir en el mejoramiento de las relaciones sociales" ( Infante Cabrera & Fernández Pérez, 2021, p.275).

Asimismo, se destaca como han argumentado: (Duncum, 2002), (Freedman, 2006) y (Hernández, 2005) que este enfoque educativo funciona como una herramienta poderosa y efectiva para dar abordaje a la **perspectiva de género**. El método de trabajo de este modelo no solo ayuda al alumnado a analizar críticamente las imágenes que perpetúan estereotipos de género, desigualdades y dinámicas de poder y dominación, sino que también potencia las capacidades en el alumnado de **cuestionar, reinterpretar** y **crear nuevas narrativas visuales** que promuevan la igualdad y la inclusión.

## Contradiscurso: creación artística con intención crítica

Esta estrategia de creación artística ha sido inspirada desde el aporte de artistas como Barbara Kruger (1975) que desde los años 70′s del siglo XX, ha creado un nuevo método visual de manifestación crítica, en el que propuso la apropiación y resignificación de "estilos de la publicidad y lo mediático para enfatizar una crítica al papel de la mujer en la contemporaneidad" (Hernández Viramontes, 2016, p.1).

Con sus collages y fotomontajes ha contribuido en el campo de la crítica de la cultura visual al utilizar la creación artística para cuestionar el poder de las imágenes y hacer visible cómo estas apoyan y refuerzan la opresión sistémica. Desafiando así, los estereotipos de género (especialmente aquellos contra las mujeres) al evidenciar en sus representaciones cómo el cuerpo femenino, ha estado sometido a una batalla entre: control, deseo, consumo. Además, sus obras han logrado exponer las relaciones de poder que operan con respecto a las imágenes, revelando cómo se utiliza el lenguaje visual para mantener el control social y político. Con el objetivo de estimular la reflexión crítica del espectador, otorgándole el poder de cuestionar y no solo asimilar las imágenes pasivamente, sino desafiarlas.

Esta artista junto a otras como Guerrilla Girls y Jenny Holzer, lograron abrir camino a un nuevo papel de la representación para impactar en el contexto social: el contradiscurso, definido "como aquel que se opone al discurso hegemónico y busca dar las razones para desnaturalizar aquello que las élites han legitimado. Para ello, el contradiscurso es un discurso de oposición y resistencia" (Vigil Oliveros, 2018, p.3).

### Repercusión de la implementación de este modelo en la formación para el profesorado de educación primaria

En la propuesta presentada, se aborda la creación de contradiscursos como actividad de aplicación práctica de los procesos de crítica a la cultura visual en la escuela con el objetivo de responder a la necesidad que tiene el alumnado de "ser formado con capacidad para plasmar visualmente su propia cultura en distintos modos de representación" (Echeverri, 2009, p.42).

Donde su rol frente a la cultura visual no sea solo "de un receptor, o un lector, sino de un constructor e intérprete que ya no se apropia de manera pasiva o dependiente sino interactiva y acorde con sus propias experiencias por fuera de la escuela" (Echeverri, 2009, p.42) Para conseguir este objetivo, por medio de este modelo puede "dotarse de estrategias para descodificar los contenidos de la cultura visual, reinterpretarlos y transformarlos" (Echeverri, 2009, p.42).

A través de los resultados presentados, se examina como la aplicación de este modelo, a un grupo de maestros en formación de educación primaria, propicia la adquisición de conciencia sobre su capacidad de analizar el contenido visual que reciben y además la posibilidad que ellos y sus futuros alumnos tienen de plasmar una posición crítica de las problemáticas detectadas en el análisis, a través de la creación artística. Demostrando así, que la educación artística, no solo proporciona elementos técnicos al alumnado, sino que también brinda herramientas analíticas, conceptuales y críticas, para generar ideas propias.

Este hecho es relevante, dado el alto grado de hiperestimulación visual al que se someten masivamente a niños y jóvenes en la actualidad, hace necesario que los procesos educativos no se encaminen a repetir, imitar y perpetuar modelos de representación imperantes, si no a producir nuevas versiones y alternativas que transformen sus significados.

### Justificación: Visiones sesgadas que puede contrarrestar el modelo de cultura visual en la escuela primaria

Este modelo pretende contrarrestar las visiones sesgadas del entorno escolar sobre la creación artística, el rol pasivo de los espectadores y los estereotipos de género. Es fundamental que los docentes comprendan que "la educación artística no puede seguir consistiendo en hacer manualidades" (Acaso, 2024), y que debe fomentar un pensamiento crítico y libre.

El rol pasivo que desempeñan los espectadores frente a la imagen en una "sociedad dominada por las imágenes" (Acaso M., 2011) puede conducir a la normalización y reproducción de estereotipos. Este modelo educativo aborda la prevalencia de estereotipos de género en la cultura visual, como han destacado Duncum & Tourinho (2016) y a través del análisis propone estrategias de resistencia frente a ellos.

### Propuesta de intervención:

**Aspectos generales:** La propuesta aplicada a un colectivo de 40 alumnos de didáctica de la expresión plástica y visual, tiene como objetivo ofrecer un espacio de alfabetización mediática del alumnado, para potenciar la detección e identificación de estereotipos y a su vez fomentar la creación y promoción de nuevos imaginarios a través de la creación artística. De esta forma hacer de la escuela un espacio para el análisis, la reflexión y sensibilización de una visión inclusiva a través de la perspectiva de género. En esta experiencia, los alumnos analizaron un conjunto de videoclips de música pop y urbana seleccionados por ellos. Se optó por los videoclips, partiendo de la base "que son al mismo tiempo productos artísticos y culturales en sí mismos, que contribuyen a transmitir todos esos valores que conforman las subculturas juveniles" (Pisonero, 2021, p. 6) y que a través de ellos es posible detectar por ejemplo la transmisión de "una imagen de la mujer cargada de sexismo y machismo" (Pisonero, 2021, p. 6).

**Metodología:** El proceso de su desarrollo, se dividió en tres fases: 1) Alfabetización visual (donde el alumnado recibió bases semióticas y simbólicas para la interpretación de las imágenes) 2) Análisis visual (en este momento se llevó a cabo el examen de los fotogramas elegidos previamente, se detectaron narrativas estereotipadas y se acordaron conclusiones sobre ellas. 3) Creación colectiva de contradiscursos críticos interviniendo las imágenes elegidas.

**Resultados:** Esta experiencia al estar vinculada con procesos de creación arrojó resultados de tipo cualitativo y cuantitativo. Siendo los primeros los vinculados a los análisis hechos por el alumnado y sus productos creativos.

En este caso se cita el análisis del videoclip Mayores interpretado por Becky G en el año 2017, en su narrativa visual el alumnado que lo eligió, pudo detectar la objetualización sexual del cuerpo femenino y la mercatilización de las relaciones basadas en el interés. En el contradiscurso intervinieron con el slogan: estrategia o moda, un fotograma donde la cantante aparece tumbada, en pose de cruz invertida, con la destacan sus piernas realzadas por un corto short, prenda habitual del vestuario que lucen las intérpretes en este género musical.

**FIGURA 1.** *Poster: Estrategia o moda.*

*Fuente:.* **Trabajo realizado por las alumnas** *Elena Corsi Rodríguez* y *Paula Domínguez Mendoza* (2023), **de la** *asignatura Didáctica de la expresión plástica y visual,* **Universidad de Huelva.**

En cuanto a los resultados cuantitativos se destacan dos de las respuestas que emitió el alumnado a una breve encuesta realizada al final de la experiencia. Frente a la interrogante ¿Considera, que antes de realizar el análisis, el mensaje sexista encontrado en el fotograma elegido, pasó desapercibido por usted? 39 de los 40 encuestados, es decir el 95% contestaron afirmativamente, frente a los 2 encuestados, es decir 2,5%, respondieron negativamente. Demostrando que la mayoría no percibió previamente este tipo de mensajes estereotipados. Por otro lado, respecto a la interrogante ¿Después del análisis, considera que el lenguaje sexista esta naturalizado en la cultura visual? 38 participantes contestaron que sí, es decir el 92%, mientras que solo 2 encuestados, es decir 8% optaron por la opción negativa, esta elección denota que el uso de este método contribuyó en la creación de conciencia en el alumnado sobre la naturalización de mensajes sexistas trasmitidos a través de estos dispositivos visuales.

Si bien, por medio de este resultado se pudo comprobar la hipótesis de la que partió este estudio (la pertinencia de implementar este modelo), se considera oportuno para futuros estudios ampliar la muestra y el sesgo de selección de los videoclips elegidos incluyendo diversos géneros musicales y culturas para obtener resultados más representativos. Ya que, en este caso, se permitió una selección libre y los videoclips elegidos por el alumnado de (17 a 25 años), fueron videos correspondientes a la música que escuchan y consumen, especialmente pop y reggaetón.

## Conclusiones

La importancia de aplicar la perspectiva de género en la educación artística está relacionada con la necesidad de promover la igualdad de oportunidades y el respeto a la diversidad. Al integrar esta lente, se promueve la discusión sobre temas relacionados con la identidad de género, la sexualidad y la representación de la mujer, fomentando la reflexión crítica y el diálogo en el aula. De esta manera, se evidencia como este tipo de enfoque metodológico ayuda a construir ciudadanos más conscientes, más empáticos y más comprometidos con la construcción de una sociedad más justa y equitativa.

Por otra parte, con base a esta experiencia de implementación, queda patente la necesidad de proporcionar al profesorado una formación básica en análisis semiótico y simbólico, promover la participación activa del alumnado en la selección de material, análisis y fomento discusiones críticas frente a los productos culturales que consume para potenciar el desarrollo de su posición crítica respecto a ellos.

## Referencias bibliográficas

Acaso, M. (2011). *Lenguaje visual.* Barcelona: Ediciones Paidós.

Acaso, M. (2024). *Educar a La Manada: aprender a pensar como razón de la educación artística en el sistema educativo.* Obtenido de https://mariaacaso. es/educacion-artistica/educar-la-manada-aprender-pensar-razon-la-educacion-artistica-sistema-educativo/

Carrasco Segovia, , S., & García-Huidobr, R. (2016). La cultura visual y los pequeños relatos como desafíos para la educación artística . *REIRE. Revista d'Innovació i Recerca en Educaci, 1*(9), 1-10.

Duncum, P. (2002). Visual Culture Art Education: Why, What and How. *International Journal of Art & Design Education, 21*(1), 14-23.

Duncum, P., & Tourinho, I. (2016). ¿ Por qué la educación artística necesita cambiar y qué podemos hacer?. En R. Martins, *Educación de la cultura visual: Conceptos y contextos,* (págs. 7-21). Nucleo de investigación en cultura visual.

Echeverri, S. A. (2009). "La educación artística como comprensión crítica de la cultura visual." 1 (2009). *(pensamiento),(palabra)... Y obra*(1).

Freedman, K. (2006). *Teaching Visual Culture: Curriculum, Aesthetics, and the Social Life of Art.* Barcelona : Octaedro.

Hernández, F. (2005). ¿De qué hablamos cuando hablamos de cultura visual? *Educação & Realidade 2005, 30*(2), 9-34.

Hernández Olea, M. (2015). La educación en la actualidad. *Revista Internacional de apoyo a la inclusión, logopedia, sociedad y multiculturalidad, 1*(3), 61-68.

Hernández Viramontes, E. (2016). Barbara Kruger, una crítica a las imágenes mediáticas de la mujer. *Arte, identidad, otras miradas, otros ámbitos.* Obtenido de https://capitel.humanitas.edu.mx/barbara-kruger-una-critica-a-las-imagenes-mediaticas-de-la-mujer/

Infante Cabrera, Y., & Fernández Pérez, G. (2021). La perspectiva de género en la formación del profesional de educación artística. *Didasc@ lia: Didáctica y educación, 12*(3), 274-289.

Juanola, R., & Montserrat, C. (2004). Hacia modelos globales en educación artística. En &. O. R. Calaf, *Comunicación educativa del patrimonio: referentes, modelos y ejemplos* (págs. 1-30). Oviedo: TREA.

Pisonero, D. A. (2021). Análisis de los estereotipos de género en videoclips de música urbana contemporánea. Universidad de Valladolid.

Vigil Oliveros, N. (2018). El contradiscurso asháninka como herramienta de disidencia y afirmación cultural frente al estado y la sociedad mestiza del Perú. *Editum. Revista de estudios filológicos, 34.* Obtenido de https://www.researchgate. net/publication/322775288_El_contradiscurso_ashAnink a_como_herramienta_de_disidencia_y_afirmaciOn_cultural_frente_al_estado_y_la _sociedad_mestiza_del_perA1, 2018.

# Novelas para niñas y novelas para niños: portadas que educan en la exclusión

Peñasco González, Sandra[1]; Maceiras Lafuente, Andrea[2]
[1]*Universidade da Coruña, sandra.pgonzalez@udc.es*
[2]*Universidade da Coruña, andrea.maceiras@udc.es*

## Resumen

El presente estudio analiza 10 portadas de literatura infantil y juvenil de la editorial Destino del Grupo Planeta. El objetivo de este análisis es describir los estereotipos asociados al género presentes en dichas portadas relacionándolos con sus argumentos. Los libros infantiles y juveniles son uno de los recursos frecuentes a los que las familias acuden para proporcionar ocio a la infancia, así como un elemento básico de la biblioteca escolar o de aula. Las ilustraciones de los subgéneros y de otros materiales, educativos o no, destinados a este público han sido no pocas veces objeto de estudio y de opinión por los valores que transmiten. Para analizar los personajes representados en las portadas de los libros objeto de este trabajo, se ha adaptado la metodología seguida por Vázquez-Regueira y Cacheiro-González (2023), quienes tienen en cuenta la representatividad de la inclusión por raza o sexo, por ejemplo. Los resultados de este trabajo ponen de relieve cómo las publicaciones infantiles y juveniles siguen manteniendo la diferenciación de género respecto al público objetivo a través de los elementos que las conforman. Las implicaciones de ello tienen reflejo no solo en las ventas, pues promueve que se perpetúen estereotipos que afectan a múltiples facetas del lectorado, por lo que desde la didáctica de la Literatura se hace necesaria una reflexión urgente.

**Palabras clave:** estereotipos; literatura infantil; perspectiva de género; portadas; representación visual.

## Introducción

Desde que las imágenes acompañan a los textos en un sentido amplio, es decir, desde que se escenifican dramas, se esculpen templos, se iluminan manuscritos o se graban xilografías para la literatura de cordel hasta el surgimiento del cine de animación y su posterior desarrollo a través de la tecnología en tres dimensiones, la elección de qué figuras humanas se representan y el cómo se manifiestan estas ha constituido uno de los vehículos de mayor importancia a la hora de conformar los ideales aspiracionales del público al que se destinan todos los productos formados por texto e imagen.

Cuando hace aproximadamente cincuenta años irrumpe con fuerza la perspectiva de género con afán revisionista, en distintas disciplinas se empiezan a cuestionar los usos de la imagen exenta o de esta como complemento de los textos, en tanto en cuanto ha sido cómplice de las estructuras de poder al transportar mensajes discriminatorios o sexistas. Merlin Stone publicó en 1976 *When God Was a Woman* iniciando un lento avance en el cuestionamiento no solo del papel de la mujer como artista o escritora sino también y muy especialmente como objeto de las obras culturales. El propio Scott McCloud en *Reiventemos el cómic* (2016) menciona como retos de este género la ampliación del número de autoras y de personajes femeninos protagonistas, por lo que todavía queda camino por recorrer. Camino que paralelamente se recorre también en investigación educativa desde que AnnMarie Wolpe publicó su artículo de 1974 "The official ideology of education for girls".

### La literatura infantil educa

La literatura viene siendo transmisora de valores e ideología desde sus orígenes orales, mucho antes de la invención de la imprenta. Así, se puede hablar de la conexión de ciertos géneros literarios con el adoctrinamiento religioso o la propaganda al servicio del poder de las monarquías europeas, de la misma forma que el uso de la imagen en su versión pictórica y escultórica ha mantenido históricamente este vínculo.

El caso concreto de la literatura infantil no se mantiene al margen. Así sí los cuentos tradicionales y otros géneros populares de transmisión oral con destinatario mixto en edad se han teñido de moralismo o moraleja en el mejor de los casos con frecuencia continuada. Incluso en el último tercio del siglo XX, cuando la literatura infantil ya se había consolidado como disciplina de estudio, se mantenía fuertemente arraigada la idea de que debía presentar una funcionalidad didáctica.

Como señala Colomer (2010, 193), el acceso a la lectura de forma masiva ha supuesto una revolución cultural en oposición al panorama anterior en el que el acercamiento a los libros estaba reservado para una minoría, de manera que esta recibía obras consecuentes con su posición social y sus valores. En la actualidad, en los países altamente alfabetizados, la infancia tiene acceso a la Literatura infantil antes de su acceso a la enseñanza obligatoria a través principalmente del entorno familiar que pone a su disposición libros escogidos y/o les familiariza con contenidos literarios, frecuentemente mediante ficciones televisivas o canales de Youtube, entre otras vías a las que Internet ha dado cabida. Cabe preguntarse en este nuevo contexto en el que distintas clases sociales pueden manejar literatura desde la tierna infancia qué valores se transmiten a través de las obras que se comercializan, pues como dicen Martins, Silveira & Kornatzki (2013, 293) "as mensagens presentes nos livros de literatura infantil são sempre selecionadas a partir de determinadas intenções pelos seus autores e autoras e, portanto, nunca são neutras".

La literatura infantil, por tanto, es vehículo de estereotipos de distinta índole, pero muy frecuentemente desde una perspectiva histórica lo ha sido de modelos femeninos y masculinos, presentando intencionadamente ejemplos a seguir teñidos de, en palabras de Michel (1987, 21), "sexismo latente". Así se han mostrado actitudes, comportamientos y valores asociados a un género u otro tanto en los géneros orales, como en el desarrollo de los escritos. En este último caso, con los avances en el mundo de la impresión y el surgimiento de editoriales o colecciones infantiles dentro de estas, las ilustraciones se han convertido también en portadoras de este tipo de información, de forma que los libros infantiles educan a través de dos lenguajes de forma simultánea. Sobre el cómo y qué mensajes transmiten, en concreto en relación a la discriminación por género, se han preocupado investigadoras e investigadores además de instituciones en las últimas décadas, como la UNESCO, que ya en 1981 inició una serie de estudios con el objeto de analizar tanto literatura infantil como libros de textos, además de para sensibilizar en este ámbito (Michel, 1987, 28).

## La perpetuación de estereotipos en el peritexto de las obras infantiles.

Las ilustraciones han sido, tradicionalmente, un elemento indispensable en los libros dirigidos al lectorado infantil y juvenil. Como indica Erro, las imágenes presentes en este tipo de literatura constituyen "legítimos vehículos narrativos" (2018, 504). No es posible, por tanto, relegar el papel de la ilustración infantil y juvenil al de mero acompañante de la palabra. Junto con el texto, la imagen construye la narración hasta componer un todo. Su función no es la de reiterar lo escrito, sino relatarlo de otro modo o, incluso, en palabras de Cruz Solís, "dirigir, fijar la mirada, enseñar a mirar en definitiva" (2006, 127).

En este sentido, la ilustración constituye uno de los elementos esenciales del peritexto de una obra. A lo largo de las últimas décadas, la dimensión material del libro infantil y juvenil ha cobrado especial relevancia para el sector editorial. El dominio de la cultura visual frente a los elementos propiamente textuales propicia que las imágenes ocupen, cada vez más, un espacio que antes se destinaba exclusivamente a la palabra (Consejo Pano, 2011). Así, el peritexto desempeña en la actualidad un amplio número de funciones, tales como la anticipación del contenido, la inferencia de los elementos textuales o la activación de las expectativas de un lectorado infantil que se inicia en los protocolos literarios (Ramos & Mattos, 2018). A las funciones que la imagen desempeñaba hasta ahora como conarradora de una historia escrita en palabras, se suma la de atraer la atención del lector/a y propiciar su contacto inicial con el libro. Las imágenes, como cualquier otra manifestación artística, expresan una visión del mundo subjetiva y evidencian la cosmovisión de sus creadores y creadoras. La ilustración y su protagonismo como elemento peritextual de la literatura infantil es, por tanto, un recurso de especial relevancia que merece una atención específica.

## Metodología

### Portadas recientes a estudio

Como se ha señalado, históricamente la literatura infantil ha contribuido a la perpetuación de modelos relativos a los roles de género. En este sentido, los elementos peritextuales cumplen un papel destacado, puesto que las guardas de un libro y, especialmente, su portada, constituyen la puerta de acceso a su contenido, estableciendo una primera relación con el lector/a. Por ese motivo el objeto de este estudio es analizar la portada de libros infantiles y juveniles y su relación con la transmisión de estereotipos femeninos y masculinos.

#### Objetivos de la investigación

- O1. Diseñar una herramienta para analizar en portadas de libros infantiles y juveniles cómo se representan las figuras femeninas y las figuras masculinas.

- O2. Seleccionar una muestra representativa y accesible en el mercado español para su estudio.

- O3. Analizar dicha muestra.

- O4. Establecer conclusiones basadas en la muestra, tanto de esta como de la herramienta usada para su análisis.

Muestra

La elección de la colección Destino del Grupo Planeta para esta investigación responde a su valor de mercado. En el año 2022 recaudó la
cifra de 1800 millones de euros en los veinte países de habla española en
los que vende, siendo líder de mercado y ofreciendo al público un total
de 4500 títulos nuevos (Fernández, 2023). Distribuye sus productos en
Europa, América Latina, Estados Unidos y el norte de África.

Para este estudio se han tenido en cuenta los diez libros infantiles
que el propio grupo editorial distingue como los más vendidos en el
sector infantil y cuya lista es compartida bajo el epígrafe "¡Aventuras y
diversión aseguradas!" durante el mes de mayo de 2024.

A continuación, se ofrece una breve descripción de estos títulos:

- TI1. *Destroza este diario. Ahora a todo color* del artista conceptual Kevin Smith. Obra de no ficción, comercializada por Editorial Paidós.

- TI2. *El Rulas 2. El Rulas y la copa legendaria* del youtuber y tik-
  toker Álvaro García (Animalize21) que forma parte de Destino
  Infantil y Juvenil.

- TI3. *Las Ratitas 11. La isla de los dragones mágicos* de Las Ratitas, obra que parte de un canal de Youtube protagonizado por
  dos niñas, editada por Destino.

- TI4. *La perrerías de Mike 3. Mikecraft y la venganza del rey Sli-
  me* del youtuber Mikecraft es la tercera entrega de una saga
  publicada por Ediciones Martínez Roca.

- TI5. *Anna Kadabra 1. El club de la luna llena*, del premiado escritor Pedro Mañas y el ilustrador David Sierra, es el primer
  volumen de esta saga publicada por Destino.

- TI6. *Las aventuras de Dani y Evan 9. El espinosaurio de las nie-
  ves* narra las aventuras de estos dos mellizos *youtubers* y está
  publicada en Destino.

- TI7. *Marcus Pocus. Mágicos misterios 1. El amuleto de Oro* de Pedro Mañas y David Sierra Lestón es un spin off de la serie de Anna Kadabra, de Destino.

- TI8. *Cuentos para leer con mamá* de la escritora Céline Santini, ilustrado por Amèlie Laffaiteur, es una selección de cinco cuentos que hablan de las relaciones maternofiliales. Se trata de un título de Timun Mas Infantil.

- TI9. *Magic animals 1. El poder del amuleto* es el primer título de la serie de cómics infantiles de Susanna Isern y el dibujante Carles Dalmau de Destino.

- TI10. *Mamá*, de la poeta María Leach y la ilustradora Zuzanna Celej es un álbum ilustrado para todos los públicos sobre la maternidad, también de Destino.

## Método

Se ha realizado un estudio descriptivo de las diez portadas partiendo del modelo de Vázquez-Regueira y Cacheiro-González (2023), que a su vez sigue diferentes estudios representativos en el ámbito de la representación de los cuerpos, como son el de Martínez Bello (2013) y Menescardi (2017). En lo relativo a la función de la portada y su forma aplicamos la herramienta de Consejo Pano (2011) para las guardas, en cuyo marco analítico se revisan, entre otros aspectos, el tono, el cronotopo, los personajes y el significado global. Así, hemos realizado una ficha descriptiva en la que se atiende al subgénero y la edad recomendada de las obras, si representan en su portada una escena o no y qué datos aporta esta (espacio, tiempo, protagonista...), qué estilo se siguió en la elección de las tipografías, cómo aparecen los protagonistas y otros personajes, con qué ropa y qué colores y si se percibe una emoción en su rostro, y, por último, si la portada tiene una función sugerente o de adelantamiento, en cuanto al tema y contenido de los libros.

**Figura 1.** *Ejemplo de ficha de análisis de dos portadas.*

|  |  | TI2 | TI3 |
|---|---|---|---|
|  | Autoría | Masculina | Femenina |
| Contenido | Subgénero | Novela | Novela |
|  | Temática | Deporte | Aventuras |
|  | Edad recomendada | 9-12 años | 6-8 años |
| Tipografía del título | Tamaño | Grande | Grande |
|  | Color | Blanco y negro | Rosa y morado |
|  | Mayúsculas | Mayúsculas de desigual tamaño | Minúsculas gruesas, onduladas |
| Color | Cromatismo | Verde, azul, negro | Rosa, malva, azul |
|  | Saturación y brillo | Saturado, brillante | Claro, suave |
| Personajes | Definición | Nítida | Difusa |
|  | Protagonista | Doble | Doble |
|  | Género | Masculino | Femenino |
|  | Edad | Preadolescente | Infantil |
|  | Estructura corporal | Fina | Fina |
|  | Acción corporal | Acción (patada) | Acción (volar en un dragón) |
|  | Emoción en el rostro | Concentración, astucia | Alegría |
|  | Vestimenta | Deportiva. | Casual. |
|  | Piel | Clara | Clara |
|  | Cabello | Castaño corto, elevado | Castaño y rubio, largo, liso |
|  | Accesorios | Balón | No |
|  | Marco | No | Sí |
|  | Disposición | X (aspa) | / (diagonal) |
|  | Cronotopo | Sí | Sí |
|  | Acción simultánea | Sí | No |
|  | Fondo | Campo de fútbol con gradas | Campo con flores |
|  | Perspectiva | Desde abajo | Frontal |
|  | Sugiere tema/tono | Deportes, acción. | Aventura, fantasía. |

Nahia Idoiaga Mondragon, Maria Orcasitas-Vicandi y Gorka Roman Etxebarrieta (eds.)

# Resultados

## Género discursivo y edad del público objetivo

De las 10 cubiertas, 9 son portadas de textos de ficción mientras que 1 es un texto de no ficción relacionado con la realización de actividades prácticas que no presenta una línea narrativa y que, por este motivo, queda fuera del objeto del mismo. En relación a los nueve textos que componen el corpus final, 7 de ellos son novelas infantiles, 1 es un conjunto de cuentos destinado a un público infantil y 1 es un álbum ilustrado destinado a un público mixto (infantil y adulto). A nivel temático, predominan las historias de aventuras (4), seguidas por las novelas sobre magia (2), vida cotidiana (2) y deporte (1). La franja de edad más reiterada es la de 6 a 8 años (5), seguida por las novelas destinadas a un público de entre 9 y 12 (2) y de 3 a 5 años (2).

## Colores

Se observan dos grandes grupos. Por una parte, encontramos cubiertas que se definen por la solidez y el brillo de sus colores y el uso de tonalidades frías. Se adscriben a esta tendencia las cubiertas TI2, TI4 y TI7, que destacan por su saturación, definición u nitidez cromática y. Por otro lado, se observa un segundo gran grupo de cubiertas caracterizadas por colores más suaves y difusos, con menor definición y mayor abundancia de matices (TI3, TI5, TI8 y TI9). Destaca la preponderancia de los tonos pastel y la presencia de gamas cromáticas entre el rosa y el violeta. Quedan al margen de esta clasificación TI6 (color violeta, pero sólido y brillante) y TI10 (cromatismo sobrio con colores neutros).

## Tipografía de los títulos (estilo, tamaño y color)

Generalmente, los títulos de las portadas se muestran en letra minúscula, con iniciales mayúsculas. En las series que incluyen el nombre o los nombres de las o los protagonistas frecuentemente, en 5 casos se usa mayúscula, frente a los títulos que en solo 3 ocasiones emplean únicamente mayúsculas. Los estilos de las fuentes escogidas varían: 9 portadas 3 presentan cursiva (TI10, TI8 y TI7) y 4 adornos o formas onduladas. En cuanto a la coloración de las letras, destaca la gama rosa-violeta, que aparece en 3 ocasiones (TI2, TI5 y TI8). Le sigue la combinación blanco-negro en 2 (TI2 y TI6) y con 1 aparición el amarillo (TI4), el verde (TI7), el blanco-azul (TI9) y el rojo (TI10).

Figura humana presente en las cubiertas.

La mayoría de las cubiertas (8) presentan figuras humanas. De las 16 figuras principales, 5 son personajes masculinos, 7 femeninos, 2 animales y 2 niños o niñas muy pequeños. En cuanto a la edad de los personajes, 7 de las 9 muestras presentan figuras de niños, niñas o preadolescentes. La mayoría (5) retratan a dos protagonistas, que pueden ser del mismo sexo (3) o de sexos distintos (2) y una minoría refleja un único protagonista femenino (2). A su vez, hay otras 2 obras en las que las protagonistas son mujeres adultas acompañadas de un niño/a. Además, los animales de TI4 presentan rasgos aniñados.

Aspecto físico: morfología, vestimenta.

La mayoría de los personajes presenta complexión delgada. La coloración de la piel humana es generalmente clara. En cuanto a la vestimenta, destacan las indumentarias casuales, que presentan estampados o dibujos en los personajes femeninos (TI3, TI5, TI7 y TI8). En relación a la representación del cabello, los personajes masculinos de TI2, TI6 y TI7 llevan el pelo corto, mientras que los personajes femeninos de TI3, TI5, TI7, TI8 y TI10 lo lucen largo. En lo tocante a los colores de la ropa, los protagonistas masculinos de TI2 y TI7 presentan reiteradamente el verde y el negro, mientras que las protagonistas femeninas de TI3, TI5, TI7 visten de rosa o violeta. En TI6, TI9 y TI10 los personajes, tanto masculinos como femeninos, priorizan en su ropa colores neutros.

Esquema compositivo, acción y cronotopo.

Destacan dos esquemas compositivos fundamentales: la composición en forma de aspa (X) y la disposición diagonal (/). Se encuentran dentro de la primera clasificación, TI2, TI4, TI6, TI7, TI8 y dentro de la segunda TI3, TI5, TI9. Por su parte, TI10 destaca por una disposición vertical. Las cubiertas con disposición en aspa tienden a mostrar acciones simultaneas, mientras que las cubiertas con disposición diagonal describen una única acción. A su vez, de las 9 portadas analizadas, más de la mitad (5) presentan alusiones al cronotopo, mientras que el resto (4) se centran en personajes secundarios y ambientes.

Actitudes, acciones y emociones.

En cuanto a las acciones, 3 de las 9 muestras las protagonistas vuelan (TI3 sobre dragón alado, TI5 sobre patinete mágico, TI9 con sus propias alas). Por oposición, en TI2 y en TI4 los protagonistas corren. En el resto se presentan personajes en actitudes menos dinámicas, que se esconden (TI6), investigan (TI7) o leen (TI8). Entre las emociones expresadas en los rostros de los personajes destacan la alegría (4) en TI3, TI5, TI8, TI9; el miedo (2) en TI4, TI6 y la perspicacia o la concentración (2) en TI2 y TI7.

## Discusión

Como se ha observado, los colores, esquemas compositivos, las acciones y emociones de los personajes constituyen con frecuencia señas diferenciales de la literatura destinada a niños y a niñas. El diálogo existente entre las portadas analizadas se basa en la reiteración de diversos motivos simbólicos que se asocian a un sexo o al otro en el imaginario colectivo. El arraigo de este imaginario es lo que mantiene en funcionamiento estos códigos implícitos que son inmediatamente interpretados por el subconsciente del público objetivo. La priorización de símbolos tradicionalmente asociados a hombres o mujeres constituye una estrategia para captar la atención del lector/a.

En la muestra seleccionada se observan algunos esquemas que se repiten bajo la simbología de los colores rosados frente a los fríos, tradicionalmente asociados en la cultura occidental reciente a las niñas y a los niños, respectivamente. Las portadas de la gama rosa-violeta (3) coinciden en presentar protagonistas femeninos con alegría en el rostro en fondos sin acciones complementarias de otros personajes que den información del argumento. Se pueden sumar a esta lista 2 portadas en tonalidad neutra (TI10 y TI9) que comparten las otras características. En las portadas protagonizadas por al menos un personaje masculino el color predominante es el verde (3), seguido del azul (1), y en estos casos la presencia de acción está más marcada, ya sea por la emoción de los rostros (2 portadas presentan miedo, 1 furia y éxtasis) o la presencia de acciones simultáneas (3), lo que se acentúa con la disposición de las imágenes en aspa. De hecho, ningún personaje femenino de los que protagonizan los libros a examen muestra una expresión que no sea alegría, a excepción de la adulta que sostiene el bebé en brazos de TI0, que aparece con los ojos cerrados. Además, resulta llamativo que, si bien el género de aventuras es el predominante, con 8 obras, la acción de volar se presenta para las 3 protagonistas femeninas principales (las Ratitas, Anna Kadabra y Abi). Las acciones de los personajes masculinos se orientan, sin embargo, hacia la superación del riesgo en tanto en cuanto compiten (TI2), huyen (TI4 y TI6) o resuelven un misterio (TI7). A nivel de vestimenta se aprecia cierta igualdad, con ropas informales o deportivas (también en los complementos usados).

Por último, se hace necesaria una reflexión en relación a las portadas y el contenido de los libros y su autoría. De 9 obras 7 son de aventuras y 4 de ellas se presentan como escritas por *influencers*, menores de edad, de distintas redes sociales (3 de ellas de género masculino), 2 por un mismo escritor y 2 por autoras diferentes. Las tres portadas de sagas de *influencers* masculinos coinciden con el esquema presentado arriba para colores fríos, disposición en aspa y mayor presencia de acción. A ellos, precisamente, se suma la portada de *Marcus Pocus,* el spin off de *Anna Kadabra.* Las portadas de autoría femenina se adscriben al otro esquema de colores rosados o neutros sin acciones simultáneas en los fondos.

En este punto, cabe señalar que de las 9 obras 2 de ellas presentan una relación de vínculo fraternal y 2 maternofilial (de 2 autoras), quedando fuera de la muestra la relación paternofilial.

Las tendencias observadas, nos hacen reflexionar acerca del mensaje que se construye en torno al tipo de contenidos que a los niños deberían gustarles frente a lo que debería gustar a las niñas, especialmente si este mensaje se transmite de forma general por todos los agentes culturales y que educan a la infancia. El uso del código de colores aquí mencionado de manera masiva en todos los medios y productos trae como consecuencia la identificación de estos para un destinatario específico. Las niñas (y las familias) entienden que los libros, los juguetes y la ropa rosa o en colores neutros está destinada a ellas y así las acciones representadas y las características adscritas a los personajes femeninos representados se convierten en aspiracionales para estas. Lo mismo ocurre con los niños y los colores fríos y básicos y como consecuencia se perpetúa un perfil masculino orientado a la acción, la aventura o el deporte, entre otras posibilidades. Estos mensajes se vienen poniendo en cuestión en las últimas décadas y del mismo modo que algunas marcas de ropa infantil están empezando a tomar partido, es necesario que las editoriales eviten una perpetuación que fomenta la desigualdad, por un lado, y que, por otro, excluye en tanto en cuanto el público descartará la elección de ciertos títulos al no verse representado estereotípicamente en sus portadas. En este sentido, incorporar códigos de colores diversos a las cubiertas, deslindar las gamas crómaticas tradicionalmente asociadas a los estereotipos masculinos o femeninos, mostrar a las protagonistas en actitudes activas y dinámicas y, al tiempo, representar a sus equivalentes masculinos con expresiones emocionales variadas que diversifiquen su lenguaje facial, son algunas de las posibilidades que contribuirían a lograr una equiparación plena entre las portadas dirigidas a las niñas y a los niños, sin modificar los contenidos de las obras ni alterar sustancialmente las estéticas adoptadas, fomentando la singularización y caracterización gráfica de cada una de ellas en base a otros criterios y recursos igualmente efectivos.

## Conclusiones

Los resultados de este estudio pueden considerarse exitosos, en tanto en cuanto la muestra seleccionada ha permitido ofrecer conclusiones respecto al vínculo de las representaciones de personajes femeninos y masculinos en las portadas de libros infantiles y el imaginario colectivo. Asimismo, la ficha descriptiva diseñada ha ofrecido información suficiente para demostrar dicho vínculo y para profundizar en los lenguajes visuales que le son propios, ofreciendo dos esquemas básicos en relación al color, la disposición, la presencia de acción/emoción y el género de las y los protagonistas. La puesta en relación de ese análisis con el contenido y la autoría de las obras permite además hacer indagaciones en torno a la relación entre sagas de ficción y redes sociales, autoría femenina de obras que giran en torno al vínculo maternofilial, protagonistas femeninos y riesgo en el género de aventuras e incluso la escritura de sagas para lectoras o lectores como una estrategia en sí misma por parte de las editoriales, entre otros posibles temas de investigación a los que tanto la literatura infantil como la didáctica de la misma debe hacer frente en la actualidad.

No obstante, este estudio es limitado puesto que se ha ceñido a una editorial muy concreta con un tipo de estrategias de mercado acordes a su volumen de ventas y representación geográfica, las cuales distan de las que determinadas editoriales menores o locales están llevando a cabo en los últimos años. En este sentido sería de enorme interés poder analizar una muestra de número similar a la que aquí se ha visto, pero de otra editorial. Quedaría por resolver qué criterios se deberían seguir para la elección de esta editorial, seguramente asociados a su trayectoria y tipo de títulos. Poner sobre la mesa la comparación de varias editoriales arrojaría resultados que clarificarían tendencias actuales con mayor precisión. Deseamos que la investigación pueda recorrer esta senda en años venideros en pro de la mejora de la calidad de la literatura infantil como vehículo de educación de la sociedad presente y futura.

# Referencias bibliográficas

Colomer, T. (2010). *Introducción a la literatura infantil y juvenil actual.* Síntesis.

Consejo Pano, E. (2011). Peritextos del siglo XXI. Las guardas en el discurso literario infantil. *Ocnos. Revista de Estudios Sobre Lectura,* 7, 111-122. https://doi.org/10.18239/ocnos_2011.07.09

De la Cruz Solís, I. (2006). Arte y literatura infantil: una peculiar relación imagen-texto. *Didáctica Lengua y Literatura,* (18), 125-134. https://doi.org/10.5209/dida.20069

De Melo, S. M. M., Sartori, A. S., & Kornatzki, L. (2014). Corporeidade, formação de leitores e literatura infantil: algumas interfaces. *Revista Ibero-Americana de Estudos Em Educação,* 8(1), 291-303. https://doi.org/10.21723/riaee.v8i1.6531

Durán Armengol, T. (2005). Ilustración, comunicación, aprendizaje. *Revista de Educación, 1,* 239-253. http://www.revistaeducacion.educacion.es/re2005/re2005_18.pdf

Erro, A. (2018). La ilustración en la literatura infantil. *Rilce Revista de Filología Hispánica, 16* (3), 501-511. https://doi.org/10.15581/008.16.26774

González Barea, E. M., & Rodríguez Marín, Y. (2020). Estereotipos de género en la infancia. *Pedagogia Social: revista interuniversitaria, 36,* 125-138. https://doi.org/10.7179/psri_2020.36.08

Martínez Bello, V. (2013). Cuerpos silenciados y educación inclusiva: análisis de las imágenes de libros de textos españoles de Educación Primaria. *Revista Latinoamericana de Educación Inclusiva, 7*(2), 213-229. http://www.rinace.net/rlei/numeros/vol7-num2/art12.pdf

Menescardi Royela, C., Torres, I. E., Ros, C., & Moya-Mata, I. (2017). Estereotipos corporales en las imágenes de los libros de texto de inglés. *Educatio Siglo XXI, 35* (1), 55-76. https://doi.org/10.6018/j/286221

Michel, A. (1987). *Fuera moldes. Hacia una superación del sexismo en libros infantiles y escolares.* UNESCO.

Ramos, A. M., & Mattos, M. (2018). Revestir el libro de significados: un análisis de las sobrecubiertas en la literatura infantil y juvenil. *Ocnos: Revista de Estudios Sobre Lectura, 17* (2), 33-45. https://doi.org/10.18239/ocnos_2018.17.2.1679

Salido López, J. V., & Salido López, P. V. S. (2021). Análisis diacrónico de los roles y estereotipos de género en las ilustraciones de la literatura infantil y juvenil. *Tejuelo. Didáctica de la Lengua y la Literatura Educación, 34,* 15-48. https://doi.org/10.17398/1988-8430.34.15

Wolpe, A.M (1974). The official ideology of education for girls. En M. Fludey, J.Ahier (Eds), *Educability, Schools and Ideology*, 138-159.

# Parte 2: Género, Cuerpo y Educación Física

# Navegando entre cuerpos y saberes: igualdad de género y educación corporal en España

Guardiola Samá, Eva[1]; Martínez Mínguez, Lurdes[2]
[1]evaguardiolasama@gmail.com
[2] *Universidad Autónoma de Barcelona, lurdes.martinez@uab.cat*

**Resumen**

Este artículo se centra en revisar históricamente el desarrollo y la incorporación de la igualdad de género en las materias de educación corporal en España. A pesar de los avances siguen persistiendo importantes retos (necesidad de modificar los materiales curriculares, la creación de patios y espacios coeducativos, las brechas de género en cuanto a educación...) en la integración efectiva y real de la perspectiva de género, particularmente en áreas como la educación física y la psicomotricidad.

La literatura revela que los estereotipos de género continúan influyendo en la práctica pedagógica, lo que limita las oportunidades de desarrollo igualitario. Además, se destaca la persistente dicotomía entre lo masculino y lo femenino en la educación corporal, perpetuando desigualdades.

El éxito de la Ley Orgánica 3/2020 (LOMLOE) depende en gran medida de la formación del profesorado y de su capacidad para adoptar enfoques inclusivos. Asimismo, se subraya la necesidad de una transformación cultural en las escuelas que trascienda los cambios normativos y fomente un entorno libre de estereotipos de género. Este análisis concluye que, si bien las bases legislativas son sólidas, se requiere una mayor investigación y evaluación sobre su aplicación efectiva en el aula.

**Palabras clave:** Igualdad de género; Educación corporal; Estereotipos de género; Formación docente.

## Introducción

En las últimas décadas ha habido un creciente interés tanto a nivel social como a nivel educativo por incorporar la perspectiva de género en todos los grados y dimensiones del currículo español. Según indica la UNESCO (2021), la igualdad de género se ha convertido en una prioridad dentro de los Objetivos de Desarrollo Sostenible (ODS), en particular el ODS 4, que busca garantizar una educación inclusiva, equitativa y de calidad. Es importante destacar el papel vital de la educación ya que, tal y como afirma Sierra (2002, p.13) "el desarrollo y la reproducción del discurso de género tiene uno de sus pilares en la educación".

En España, la LOMLOE (Ley Orgánica 3/2020) es un claro reflejo de este compromiso, al integrar de manera explícita la perspectiva de género como un eje transversal en el currículo educativo, con el objetivo de fomentar la equidad desde la primera infancia (Ministerio de Educación y Formación Profesional, 2020).

La sociedad ha incrementado su demanda por una educación más inclusiva, en la que todas las personas, sin importar su género, encuentren cabida y se promueva el respeto a la diversidad en todas sus formas. Diversos estudios (Consejo Escolar del Estado, 2023; Human Rights Campaign Foundation, 2021; entre otros) y encuestas recientes han mostrado un aumento en las demandas sociales por una educación que promueva la diversidad y el respeto a las identidades de género. Además, tal y como destacan Ortega et al. (2018, p.132), la educación carga con:

"El compromiso por conseguir la justicia social, reclama la atención y la participación activa de todos los actores sociales y políticos. La educación, por tanto, está también llamada a desempeñar un papel importante en esta tarea, reconociendo que es tan solo uno de los factores que deben contribuir en la consecución de tal objetivo."

La escuela, como lugar socializador y educativo, juega un papel importante en la formación de identidades de género y en la difusión de valores que promuevan la igualdad. Investigaciones como la de Subirats y Castelló (2020) han demostrado que el entorno escolar sigue siendo un espacio crucial para la construcción de las identidades de género de las y los estudiantes. Los materiales educativos, los espacios, las prácticas pedagógicas y las interacciones cotidianas contribuyen significativamente a la reproducción (o deconstrucción) de estereotipos de género.

La educación infantil y primaria, debido a su carácter formativo en etapas tempranas, son fundamentales para la interiorización de estos principios de igualdad y respeto. Un estudio de Olmedo et al. (2022) afirma que la educación primaria es un paso crucial para que las personas estudiantes desarrollen su autopercepción e internalicen valores como la equidad y el respeto. Es esencial que el sistema educativo intervenga de manera proactiva para prevenir la perpetuación de estereotipos, ya que en estas edades empiezan a construir sus identidades de género.

La educación corporal es una parte esencial del currículo educativo en España que establece las bases para la formación integral del estudiantado. En el artículo 18 de la LOMLOE (Ministerio de Educación y Formación Profesional, 2020), se destaca la importancia de la educación física y corporal para el desarrollo integral de las personas, destacando su papel en la promoción de la salud física y mental y en la formación de una ciudadanía crítica y comprometida con los valores de igualdad.

Sin embargo, a pesar de los cambios en la legislación, los estudios muestran que las prácticas educativas aún tienden a reflejar estereotipos de género, particularmente en áreas como la educación física. Un informe reciente del Instituto de la Mujer y para la Igualdad de Oportunidades (2022) indica que, a pesar de estos avances las prácticas en el aula, particularmente en la educación física, siguen reflejando los estereotipos tradicionales de masculinidad y feminidad. En el ámbito de la percepción corporal, esto se agrava. Tal y como explican Martín et al. (2023, p. 818), basándose en un estudio realizado al alumnado de quinto y sexto de primaria, "tanto chicos como chicas, presentan insatisfacción corporal y desean una figura más delgada que la figura percibida".

La influencia de las redes sociales, que han reforzado estereotipos corporales, exacerba este fenómeno. Bajaña y García (2023, p.8) lo afianzan en una investigación llevada a cabo con alumnado de tercer ciclo de Educación Primaria:

"Este estudio muestra que la construcción del ideal de belleza se encuentra altamente diseminado en las redes sociales, especialmente en aquellas centradas en imágenes, lo que se asocia significativamente con insatisfacción corporal y baja autoestima, siendo la insatisfacción corporal uno de los predictores más fuertes de TCA."

La revisión del currículo educativo desde una perspectiva de género en este contexto es esencial para identificar tanto las fortalezas como las debilidades de la educación corporal en España. Según Álvarez y González (2023), es esencial realizar una revisión completa del currículo desde una perspectiva de género para identificar las brechas de equidad que aún existen. Esto permitiría destacar los éxitos logrados y, al mismo tiempo, indicar dónde se necesita una mayor atención institucional y educativa para fomentar la inclusión. El análisis curricular, según Martínez et al. (2021), debe ser un proceso dinámico y continuo que pueda adaptarse a las demandas sociales actuales y reflejar los avances sociales en equidad.

El presente artículo tiene como objetivo analizar el devenir histórico de la educación física y la psicomotricidad en el sistema educativo español desde una perspectiva de género, con el fin de identificar las fortalezas y debilidades en torno a la educación corporal y su capacidad para fomentar la igualdad. Según García et al. (2022), es fundamental realizar un análisis crítico del currículo educativo desde un enfoque de género para garantizar que las políticas educativas promuevan la igualdad no solo en el discurso, sino también en la práctica.

## Metodología

Se han utilizado buscadores generales y académicos reconocidos por su rigor y amplitud, concretamente Redalyc, Dialnet y Google Académico. Estas plataformas permiten el acceso a literatura académica de calidad en lengua castellana. Para la identificación de los textos pertinentes, se emplearon palabras clave que reflejan las temáticas centrales del estudio. Las búsquedas se realizaron exclusivamente en castellano. A continuación, se utilizaron las diversas combinaciones de las siguientes palabras claves: educación física, psicomotricidad, coeducación, igualdad y género. El uso de operadores booleanos permite delimitar y afinar los resultados. Para garantizar la relevancia de los textos seleccionados, se han establecido los siguientes criterios de inclusión:

1. **Idioma:** Textos redactados en castellano.

2. **Accesibilidad:** Acceso libre al texto completo.

3. **Contexto:** Textos contextualizados en España.

4. **Autenticidad:** Textos con autor reconocido.

5. **Relevancia temática:** Textos centrados en educación, corporeidad y/o igualdad.

6. **Período de publicación:** Fecha de publicación entre 2020 y 2024.

Ciertos textos pueden ser descartados si presentan alguna de las siguientes características:

- Textos con enfoque médico.

- Textos sin autor reconocido.

- Textos relacionados con etapas educativas superiores a los 16 años.

Estas delimitaciones aseguran que la revisión bibliográfica se centre en trabajos académicos y de investigación alineados con los objetivos del estudio, excluyendo aquellos que, aunque relevantes de manera tangencial, no contribuyen de forma directa al marco temático.

## Procedimiento

El proceso de selección consistió en realizar búsquedas exhaustivas en las plataformas indicadas durante los meses de Octubre a Diciembre del 2023, empleando las palabras clave especificadas y aplicando los criterios de inclusión y exclusión mencionados. Posteriormente, se revisaron los textos seleccionados para corroborar su pertinencia y calidad académica. Los documentos finales fueron analizados en función de su relevancia para las tres áreas temáticas: feminismos, corporeidades y escuela.

En conjunto, esta metodología garantiza que la revisión bibliográfica sea rigurosa, sistemática y representativa de los temas de interés, proporcionando una base sólida para el desarrollo del estudio.

## Resultados

### Género y educación

Históricamente, la educación ha reflejado la sociedad, y los roles de género han jugado un papel importante en las experiencias educativas. Pérez (2022) afirma que muchas instituciones educativas todavía mantienen la idea de "hegemonía masculina", que consolida roles rígidos y normativos para las personas. El sistema educativo español, particularmente durante la dictadura franquista, estaba profundamente influenciado por los ideales tradicionales del patriarcado, que separaban los mundos masculino y femenino.

Hoy en día, la educación corporal aboga por un enfoque más inclusivo, que no solo se centra en el rendimiento físico, sino en la construcción de una relación positiva con el propio cuerpo, fomentando la autoestima y la autoconfianza, independientemente del género. En este sentido, la educación física y la psicomotricidad son fundamentales para cuestionar y reformular los roles de género tradicionales se internalizan desde temprana edad.

## Educación corporal en primaria

El cuerpo, en su dimensión física y simbólica, es uno de los espacios más significativos donde se construyen las identidades de género. La educación corporal no solo se trata de enseñar habilidades motrices, sino también de cómo las personas se relacionan con sus cuerpos y, por extensión, con el mundo que los rodea. Autores como Ruiz (2022) han estudiado este aspecto y han destacado que el cuerpo no es simplemente un "objeto" de enseñanza, sino que juega un papel fundamental en la construcción de la identidad y las relaciones sociales. La forma en que participan en actividades físicas y deportivas afecta su percepción de sí mismos y del entorno.

Los modelos tradicionales que tienden a diferenciar las actividades físicas en función del género han afectado la educación física en España (Sánchez y López, 2021).

La coeducación, entendida como la enseñanza conjunta de niñas, niños y niñes, ha sido un avance importante en la eliminación de la segregación de género en las aulas. Sin embargo, la igualdad de oportunidades no siempre ha implicado la eliminación de las desigualdades, ya que las diferencias entre los sexos continúan reproduciéndose en el aula a través de contenidos curriculares, interacciones y expectativas diferenciales. El reto actual es profundizar en el enfoque coeducativo, incluyendo una visión crítica de los roles de género y la construcción de la identidad corporal desde una perspectiva feminista.

## La perspectiva de género en la educación física y psicomotricidad

Según autores como García-Fernández y Pérez (2021), la educación física ha sido un campo educativo particularmente resistente a los cambios en cuanto a la equidad de género porque está fuertemente relacionado con los ideales de masculinidad y competitividad. Según investigaciones realizadas en España, a pesar de las leyes educativas que fomentan la igualdad, todavía existen dinámicas de exclusión que afectan principalmente a las niñas (Santos, 2020).

La psicomotricidad, por su parte, se ha centrado tradicionalmente en el desarrollo de habilidades motoras gruesas y finas, pero también ha perpetuado estereotipos en cuanto a la asignación de ciertos ejercicios y actividades según el género (Martínez-Torres et al., 2021). La inclusión real de la perspectiva de género en esta área implica repensar no solo los contenidos, sino también las dinámicas en las que se desarrollan las clases, promoviendo un enfoque menos competitivo y más colaborativo (Ramírez, 2022).

## El currículo educativo actual en España: LOMLOE

La Ley Orgánica 3/2020, de 29 de diciembre, que modifica la Ley Orgánica 2/2006 de Educación (LOMLOE), es el marco legislativo vigente que rige la educación en España. La LOMLOE introduce una serie de disposiciones orientadas a promover la igualdad de género en todos los niveles educativos, incluida la educación corporal. Según lo expone el artículo 44, la LOMLOE subraya la importancia de integrar una perspectiva de género en el currículo, asegurando que todo el estudiantado, independientemente de su género, tenga las mismas oportunidades para desarrollarse plenamente (Ministerio de Educación y Formación Profesional, 2020).

Sin embargo, estudios recientes, como el de Gómez y Pérez (2022), señalan que la implementación de la LOMLOE aún enfrenta importantes desafíos. A pesar de los avances legislativos, en muchas escuelas persisten prácticas pedagógicas que refuerzan estereotipos de género, especialmente en áreas como la educación física y la psicomotricidad. La ley establece las bases para una educación inclusiva, pero su aplicación depende en gran medida de la formación y el compromiso del profesorado (Martínez y Fernández, 2023).

A pesar de los avances, la investigación está revelando que la integración de la perspectiva de género en la educación corporal es desigual y, en muchos casos, insuficiente. Existen aún brechas significativas entre las políticas educativas y su aplicación real en las aulas. Un enfoque más inclusivo y crítico del currículo podría ofrecer nuevas oportunidades para promover la igualdad de género desde la educación física y la psicomotricidad.

## Conclusiones

El análisis teórico realizado a través de la revisión de la literatura nos permite identificar algunas tendencias clave en torno a la educación corporal y la igualdad de género en el sistema educativo español. A pesar de los avances normativos, como los introducidos por la LOMLOE, persisten importantes retos en la implementación efectiva de la perspectiva de género en las aulas, particularmente en áreas como la educación física y psicomotricidad, donde los estereotipos de género continúan influyendo en la práctica educativa (Martínez y Fernández, 2023).

Uno de los puntos más destacados en la literatura revisada es la persistente dicotomía entre lo masculino y lo femenino en la educación corporal, una división que, a pesar de los esfuerzos legislativos y sociales, sigue limitando las oportunidades de desarrollo pleno e igualitario para el alumnado (Gómez y Péreza, 2022). El cuerpo y su educación no solo constituyen un ámbito de desarrollo físico, sino también un espacio de construcción identitaria que debe ser abordado desde una perspectiva inclusiva (Santos, 2020).

La revisión de estudios también resalta que, aunque la LOMLOE establece un marco sólido para la igualdad de género, su éxito depende en gran medida de la formación del profesorado y de la disposición de las escuelas para adoptar enfoques más inclusivos y menos estereotipados (Ruiz, 2022). En este sentido, es fundamental que las instituciones educativas no solo cumplan con las directrices legislativas, sino que también promuevan una reflexión crítica sobre las prácticas diarias en las aulas, especialmente en áreas como la educación física.

Para lograr una implementación efectiva de la perspectiva de género en la educación corporal, es fundamental invertir en la formación continua del profesorado, proporcionándoles herramientas y recursos para diseñar actividades inclusivas y desafiar los estereotipos. Además, es necesario desarrollar materiales didácticos que visibilicen la diversidad y fomentar la coeducación activa a través de actividades mixtas y espacios de reflexión. La evaluación también debe adaptarse para promover el desarrollo individual y evitar comparaciones basadas en el género. Finalmente, la colaboración con las familias y la investigación-acción pueden contribuir a crear entornos educativos más equitativos.

El contexto de la educación corporal es particularmente relevante porque es un espacio donde el cuerpo, la identidad y las normas sociales se encuentran y se construyen a través de la interacción. Este espacio debe ser aprovechado para fomentar una mayor equidad e inclusión, permitiendo a los estudiantes explorar una amplia gama de posibilidades físicas sin las limitaciones impuestas por las normas de género tradicionales.

La implementación efectiva de políticas como la LOMLOE exige un compromiso constante de toda la comunidad educativa. Es necesario investigar y evaluar de manera sistemática cómo se están traduciendo estos cambios normativos en prácticas pedagógicas reales. La igualdad de género en la educación no es solo un objetivo legislativo, sino una responsabilidad compartida que implica una transformación cultural profunda en las escuelas.

### Referencias bibliográficas utilizadas en el estudio

García-Fernández, R., y Pérez, J. (2021). Género y educación física: Resistencias y desafíos hacia una práctica equitativa. *Revista Internacional de Educación Física, 18*(2), 64-79.

Gómez, A., y Pérez, R. (2022). Desafíos en la implementación de la LOMLOE: Perspectiva de género y prácticas pedagógicas en la educación física. *Revista de Educación y Género, 14*(2), 56-72.

Martínez, M., y Fernández, C. (2023). La formación del profesorado como clave para la aplicación efectiva de la LOMLOE en la igualdad de género. *Cuadernos de Educación Inclusiva, 25*(1), 34-50.

Martínez-Torres, A., López, F., y García, L. (2021). Perspectiva de género en la psicomotricidad escolar: Retos para una educación inclusiva. *Revista de Motricidad y Educación, 20*(3), 25-38.

Pérez, J. (2022). Hegemonía masculina en la educación contemporánea: Perspectivas desde la teoría de género. *Género y Sociedad, 24*(3), 87-101.

Ramírez, M. (2022). Psicomotricidad y género: Propuestas para una enseñanza colaborativa en la educación infantil. *Cuadernos de Educación Inclusiva, 16*(1), 89-104.

Ruiz, L. (2022). El cuerpo como construcción social en la escuela: Una revisión de la educación corporal en primaria. *Estudios sobre Cuerpo y Sociedad, 15*(1), 77-91.

Sánchez, I., y López, V. (2021). Desigualdad de género en la educación física escolar: Retos y perspectivas en España. *Cuadernos de Educación Física, 12*(3), 12-27.

Santos, M. (2020). Desigualdad de género en la educación física escolar en España: Un análisis de las dinámicas de exclusión. *Revista Española de Estudios de Género, 22*(3), 50-67.

## Referencias bibliográficas

Álvarez, C., y González, P. (2023). Análisis del currículo con perspectiva de género: Retos y oportunidades en la educación española. *Journal of EducationalReform, 28*(2), 145-161.

Bajaña, M., y García, S. (2023). El impacto de las redes sociales en la insatisfacción corporal de estudiantes de primaria. *Journal of AdolescentHealth, 55*(4), 8-15.

Consejo Escolar del Estado. (2023). *Informe 2023 sobre el estado del del sistema educativo.* Curso 2021-2022. Ministerio de Educación, Formación Profesional y Deportes.

Fernández, J., y Martínez, R. (2022). Perspectiva de género en la educación física: una aproximación crítica. *Revista de Educación Inclusiva, 19*(1), 74-88.

García, L., Morillas, J., y Pérez, E. (2022). La equidad de género en el currículo educativo: Evaluación y propuestas. *Revista de Estudios de Género, 37*(2), 211-228.

García, R., y Pérez, J. (2021). Género y educación física: Resistencias y desafíos hacia una práctica equitativa. *Revista Internacional de Educación Física, 18*(2), 64-79.

Gómez, A. (2021). Educación y patriarcado: Una revisión crítica del sistema educativo español en el franquismo. *Revista de Historia Contemporánea, 42*(1), 58-75.

Gómez, A., y Pérez, R. (2022). Desafíos en la implementación de la LOMLOE: Perspectiva de género y prácticas pedagógicas en la educación física. *Revista de Educación y Género, 14*(2), 56-72.

Human Rights Campaign Foundation. (2021). *Corporate Equality Index 2021. Rating Workplaces on Lesbian, Gay, Bisexual, Transgender and Queer Equality.* Human Rights Campaign Foundation.

Instituto de la Mujer y para la Igualdad de Oportunidades. (2022). *Informe sobre igualdad de género en la educación primaria y secundaria en España.* Ministerio de Igualdad.

López, M., y Torres, P. (2021). Desigualdad de género en el aula: Un análisis de las prácticas pedagógicas en España. *Estudios sobre Género y Educación, 15*(2), 33-48.

Martín, A., Sánchez, P., y López, M. (2023). Percepción corporal y desigualdades de género en la educación primaria. *International Journal of Physical Education and Sport, 21*(3), 810-820.

Martínez-Torres, A., López, F., y García, L. (2021). Perspectiva de género en la psicomotricidad escolar: Retos para una educación inclusiva. *Revista de Motricidad y Educación, 20*(3), 25-38.

Martínez, C., & Fernández-García, P. (2020). Autopercepción corporal y género: El impacto de las actividades físicas en las niñas en la educación primaria. *Revista de Educación Física y Deporte, 32*(2), 45-60.

Martínez, F. J., Rodríguez, M., y Velasco, R. (2021). Igualdad de género en la educación física escolar: Una revisión crítica. *Revista de Pedagogía Crítica, 23*(3), 98-115.

Martínez, M., y Fernández, C. (2023). La formación del profesorado como clave para la aplicación efectiva de la LOMLOE en la igualdad de género. *Cuadernos de Educación Inclusiva, 25*(1), 34-50.

Ministerio de Educación y Formación Profesional. (2020). Ley Orgánica 3/2020, de 29 de diciembre, por la que se modifica la Ley Orgánica 2/2006, de 3 de mayo, de Educación (LOMLOE).

Olmedo, M., García, A., y Santos, P. (2022). La influencia del entorno escolar en la construcción de la identidad de género en la educación primaria. *Revista de Educación y Género, 25*(1), 45-61.

Ortega, J., López, C., y Sánchez, M. (2018). Justicia social y equidad en el ámbito educativo: Desafíos y perspectivas. *Revista Iberoamericana de Educación, 87*(3), 125-142.

Pérez, J. (2022). Hegemonía masculina en la educación contemporánea: Perspectivas desde la teoría de género. *Género y Sociedad, 24*(3), 87-101.

Ramírez, M. (2022). Psicomotricidad y género: Propuestas para una enseñanza colaborativa en la educación infantil. *Cuadernos de Educación Inclusiva, 16*(1), 89-104.

Ruiz, L. (2022). El cuerpo como construcción social en la escuela: Una revisión de la educación corporal en primaria. *Estudios sobre Cuerpo y Sociedad, 15*(1), 77-91.

Sánchez, I., y López, V. (2021). Desigualdad de género en la educación física escolar: Retos y perspectivas en España. *Cuadernos de Educación Física, 12*(3), 12-27.

Santos, M. (2020). Desigualdad de género en la educación física escolar en España: Un análisis de las dinámicas de exclusión. *Revista Española de Estudios de Género, 22*(3), 50-67.

Sierra, M. (2002). Educación y género: Un análisis crítico de los roles de género en la escuela. *Revista de Sociología de la Educación, 13*(2), 12-26.

Subirats, M., y Castelló, A. (2020). El género y la construcción de la identidad en la escuela. *Educación y Sociedad, 36*(2), 89-103.

UNESCO. (2021). *Informe de seguimiento de la educación en el mundo: Igualdad de género y educación*. UNESCO.

# Hábitos de actividad física en el tiempo libre de mujeres guipuzcoanas en función de la edad

Eizagirre-Sagastibeltza, Olaia[2]; Cayero, Ruth[1]; Romaratezabala, Estibaliz[2]; Usabiaga, Oidui[2]; Fernandez-Lasa, Uxue[2]

[1]*Departamento de Educación Física y Deportiva, Facultad de Educación y Deporte, Universidad del País Vasco (UPV/EHU), Vitoria-Gasteiz, España. ruth. cayero@ehu.eus*
[2]*Grupo de Investigación Sociedad, Actividad Física y Deporte (GIKAFIT), Departamento de Educación Física y Deportiva, Facultad de Educación y Deporte, Universidad del País Vasco (UPV/EHU), Vitoria-Gasteiz, España. olaia.eizagirre@ ehu.eus; estibaliz.romaratezabala@ehu.eus; oidui.usabiaga@ehu.eus; uxue.fernandez@ehu.eus;*

## Resumen

Este estudio presenta los resultados de una investigación llevada a cabo en el ámbito educativo y de salud pública en colaboración con la Diputación Foral de Gipuzkoa. El objetivo fue analizar los hábitos de actividad física en el tiempo libre (AFTL) de mujeres adultas guipuzcoanas en función de la edad. En este estudio exploratorio, 2456 mujeres adultas físicamente activas, 176 (7,2 %) de 18-24 años, 1056 (42,9 %) de 25-44 años y 1224 (49,8 %) de 45-65 años, completaron el cuestionario Gipuzkoa Women's Physical Activity Questionnaire (GWPAQ). Se realizaron estadísticos descriptivos y se analizaron las diferencias entre los grupos de edad. Los resultados muestran que las mujeres guipuzcoanas realizan mayoritariamente AFTL individuales, no competitivas y no organizadas, tres o más veces a la semana y lo hacen en solitario. Se han encontrado diferencias estadísticamente significativas entre las diferentes edades en cuanto al tipo de AFTL, la forma de práctica y el tipo de compañía. Se concluye que la edad es un correlato de AFTL efectivo para diferenciar los hábitos de las mujeres guipuzcoanas y que su conocimiento puede ayudar a optimizar las políticas públicas de promoción de actividad física en mujeres adultas, haciendo hincapié en las diferencias existentes entre los diversos tramos de edades. Así, se podrían desarrollar intervenciones específicas fundamentadas en las evidencias que tuvieran en cuenta el tipo y la estructura de AFTL, la frecuencia de práctica y la compañía.

**Palabras clave:** ejercicio físico; ocio; género; edad.

## Introducción

La literatura científica ha determinado una serie de correlatos relacionados con el nivel de participación de las personas adultas en la actividad física (Bauman et al., 2012; Choi et al, 2017). De entre todos los correlatos, de acuerdo con Varma et al. (2017), es importante evaluar los niveles de actividad física en el tiempo libre (AFTL) de las personas adultas en función de la edad y el género. Estos dos factores están relacionados con diversos eventos que suceden en diferentes momentos vitales e influyen en el nivel de práctica de AFTL y su tipología (Van Houten et al., 2017), aunque es difícil evaluar su impacto debido a la falta de claridad teórica, conceptual y terminológica, así como en diseños de estudio, métodos e informes dispares (Grooper et al., 2020). En todo caso, algunos de estos acontecimientos ejercen una mayor influencia en el ocio de las mujeres de diferentes edades, incrementando o reduciendo los niveles de AFTL (Brown et al., 2009; Engberg et al., 2012), aunque se concluye que la participación en actividades deportivas organizadas generalmente disminuye o se relaciona con una intensidad menor cuando aumenta la edad (Bauman et al., 2009; Eime et al., 2022). Así, las motivaciones para la práctica de AFTL de las mujeres adultas, y las barreras que perciben y experimentan, generan una disminución en los niveles de práctica y una variación en los tipos de actividad a lo largo de la vida (Ansari et al., 2009; Gallagher et al., 2012), aunque en algún estudio no se han encontrado diferencias significativas entre las más jóvenes y las de mediana edad (Brown & Browmer, 2019). Por lo general, las jóvenes son las que muestran niveles más altos de AFTL, a pesar de que también experimentan barreras intrapersonales, interpersonales y ambientales (Fernandez-Lasa et al., 2024; Peng et al., 2023). Con todo lo apuntado hasta ahora, se constata que las mujeres adultas que son físicamente activas practican principalmente AFTL individuales, pero existe un cambio importante entre las AFTL que practican las más jóvenes en comparación con las de mediana edad y mayores (Ministerio de Cultura y Deporte, 2022; Teixeira et al., 2019). La estructura organizativa es otro de los aspectos que influye en la participación en AFTL (Eime et al., 2023), se pueden diferenciar, como modelos de participación para personas adultas, las actividades de estructura organizadas no competitivas o recreativas, las actividades competitivas organizadas y las actividades no organizadas (Eime et al., 2022). El deporte de competición federado es muy popular entre las y los jóvenes, aunque existe una tasa de abandono importante en este tipo de actividad que comienza en la adolescencia (Eime et al., 2021; Eime et al., 2022; Kemp et al, 2018; Westerbeek & Eime, 2021). A pesar del abandono del deporte competitivo organizado en personas adultas, es más probable que éstas sean activas mediante actividades generales de AFTL (Hulteen et al., 2017), como actividades no competitivas organizadas y actividades no organizadas (Eime et al., 2020; Kemp et al., 2018; Westerbeek & Eime, 2021) que pueden ser de distinta naturaleza o tipología.

En referencia a la frecuencia de AFTL, es recomendable hacerlo al menos entre 3 y 5 veces por semana (Wen et al., 2011). Además, distribuir la AFTL semanal en días diferentes podría ayudar a reducir las actividades sedentarias y sus consecuencias negativas en la salud (Owen, 2019). Sin embargo, muchas veces resulta difícil buscar un hueco para la actividad física de ocio en el día a día, puesto que se producen dificultades para conciliar la vida laboral, familiar y personal (Martín et al., 2022). Además, el hecho de que tradicionalmente se les ha atribuido la responsabilidad de las tareas de cuidado a las mujeres, cuentan con dificultades añadidas para realizar actividades de ocio y, por tanto, realizar AFTL con frecuencia (Spotswood et al., 2021; Duin et al., 2015). A pesar de ello, son muchas las mujeres que realizan AFTL semanalmente con frecuencia y disfrute, adquiriendo los beneficios que ésta genera (McGannon et al., 2018; Whitehead et al., 2019).

En cuanto a la compañía, la AFTL se puede practicar de formas diversas, tanto en solitario como en compañía de amigas y amigos, de familiares o de personas conocidas. Algunas mujeres prefieren hacerlo con otras personas, de forma que les sirve como motivación para mantenerse activas (Whitehead et al., 2019). Además, de esta forma disfrutan de la socialización, conocen a otras personas y se lo pasan bien (Spencer-Cavaliere et al., 2015). En ocasiones, suele ser difícil encontrar con quién hacer AFTL, debido a las dificultades de coincidir con los horarios o debido a la falta de relaciones (Milne et al., 2014). Sin embargo, algunas personas disfrutan haciendo actividades en solitario lo encuentran gratificante y puede ser útil para el desarrollo de la confianza, para la introspección o como forma de recuperarse de las interacciones sociales de mayor energía o exigencia (Weinsten et al., 2023). Entre esas actividades también se encuentran las AFTL, que para algunas mujeres es preferible practicarlo de esta forma (Appleby y Fisher, 2009; Morris et al., 2019; Segar et al., 2017).

Por lo tanto, el objetivo fue analizar los hábitos de AFTL de mujeres adultas activas guipuzcoanas en función de la edad, atendiendo a la tipología, estructura y frecuencia de las actividades, así como las personas con las que lo practican.

## Metodología

### Participantes

En la presente investigación se utilizó el cuestionario Gipuzkoa Women's Physical Activity Questionnaire (GWPAQ) que fue respondido de forma online y anónima por 2456 mujeres de entre 18 y 65 años (43,3 ± 11,9 años), de las cuales el 7,6% (187 mujeres) tenían una edad comprendida entre los 18 y los 24 años, el 52,2 % (1284 mujeres) entre los 25 y los 44 años y el 40,2 % (987 mujeres) entre los 45 y los 65 años. Los criterios de inclusión para su participación fueron ser mujer, ser físicamente activa según las directrices de la OMS (realizar actividad física (AF) de intensidad moderada durante al menos 150 minutos a la semana o 75 minutos de AF de intensidad vigorosa; OMS, 2020), tener entre 18 y 65 años y residir en Gipuzkoa. La participación fue voluntaria y el estudio fue aprobado por el Comité de Ética para la Investigación con Seres Humanos (CEISH, M10_2020_296) de la Universidad del País Vasco/Euskal Herriko Unibertsitatea (UPV/EHU).

## Procedimiento

El cuestionario fue enviado por correo electrónico a las 21.000 mujeres registradas en las bases de datos de la Diputación Foral de Gipuzkoa. También se invitó a estas mujeres a reenviar el mensaje a tantas mujeres como considerasen oportuno. Tres días después, se envió otro mensaje a varios contactos de asociaciones de mujeres de Gipuzkoa a través de la aplicación Whatsapp de mensajería instantánea. Se utilizó el cuestionario validado GWPAQ (Eizagirre-Sagastibeltza et al., 2022), compuesto por 21 ítems y 4 dimensiones destinadas a conocer los hábitos, motivos y barreras para la AFTL de las mujeres guipuzcoanas. En este estudio se utilizaron concretamente los datos relativos a la dimensión 3, concernientes a los hábitos de AFTL. Dentro de los hábitos de AFTL se tuvieron en cuenta el tipo, la estructura y la frecuencia de AFTL practicada, así como la compañía en la que practicaban AFTL. Además, se consideraron tres grupos de edad entre las participantes: 18-24 años, 25-44 años y 45-65 años.

## Análisis estadístico

Los resultados descriptivos se presentan como frecuencias y porcentajes. Para analizar las diferencias de hábitos de AFTL entre los tres tramos de edad se ha realizado la prueba Chi cuadrado de Pearson ($\chi 2$) con una significatividad estadística de $p < 0.05$ y se llevó a cabo la prueba Z. El análisis se ha realizado con el paquete estadístico Statistical Package for Social Sciences (SPSS Inc, versión 28.0, Inc. Chicago, Illinois, EE.UU.).

## Resultados

En la tabla 1 se muestran los resultados relativos al tipo y estructura de AFTL practicada por las participantes, así como la frecuencia de AFTL semanal y con quién practican. Las mujeres guipuzcoanas principalmente practican actividades individuales (54,6%), de naturaleza no competitiva y no organizada (54,5%), así como no competitivas y organizadas (31,0%). Mayoritariamente practican solas (41,4%), con una frecuencia de práctica de tres o más veces por semana (81,4%).

**Tabla 1:** Resultados comparativos en función de la edad de las mujeres guipuzcoanas a tenor del tipo y la estructura de AFTL así como la frecuencia de práctica semanal y la compañía.

| | Total | 18-24 años n (%) | 25-44 años n (%) | 45-65 años n (%) | $\chi^2$ (gl); $p$ |
|---|---|---|---|---|---|
| Tipo AFTL | | | | | 279,6 (10); <0,01 |
| Artísticas | 102 (4,2%) | 14 (8,0%)[a] | 45 (4,3%)[b] | 43 (3,5%)[b] | |
| En la naturaleza | 538 (21,9) | 43 (24,4%)[a] | 235 (22,3%)[a] | 260 (21,2%)[a] | |
| Individuales | 1341 (54,6%) | 63 (35,8%)[a] | 599 (56,7%)[b] | 679 (55,5%)[b] | |
| Cooperativas | 343 (14,0%) | 6 (3,4%)[a] | 119 (11,3%)[b] | 218 (17,8%)[a] | |
| Duelos individuales | 23 (0,9%) | 3 (1,7%)[a, b] | 14 (1,3%)[b] | 6 (0,5%)[a] | |
| Duelos colectivos | 109 (4,4%) | 47 (26,7%)[a] | 44 (4,2%)[b] | 18 (1,5%)[a] | |
| Estructura AFTL | | | | | 345,9 (6); <0,01 |
| No competitiva/no organizada | 1338 (54,5%) | 62 (35,2%)[a] | 556 (52,7%)[b] | 720 (58,8%)[a] | |
| No competitiva/organizada | 762 (31,0%) | 36 (20,5%)[a] | 335 (31,7%)[b] | 391 (31,9%)[b] | |
| Competitiva/organizada/no federada | 187 (7,6%) | 8 (4,5%)[a] | 91 (8,6%)[a] | 88 (7,2%)[a] | |
| Competitiva/organizada/federada | 169 (6,9%) | 70 (39,8%)[a] | 74 (7,0%)[b] | 25 (2,0%)[a] | |
| Frecuencia | | | | | 4,0 (4); <0,41 |
| 1 vez/Semana | 91 (3,7%) | 2 (1,1%)a | 40 (3,8%)a | 49 (4,0%)a | |
| 2 veces/Semana | 366 (14,9%) | 24 (13,6%)a | 158 (15,0%)a | 184 (15,0%)a | |
| ≥3 veces/Semana | 1999 (81,4%) | 150 (85,2%)a | 858 (81,3%)a | 991 (81,0%)a | |
| Compañía | | | | | 91,1 (8); <0,01 |
| Sola | 1048 (41,4%) | 65 (36,9%)a | 498 (47,2%)b | 455 (37,2%)a | |
| Familia | 453 (18,4%) | 7 (4,0%)a | 160 (15,2%)b | 286 (23,4%)a | |
| Amigas/amigos | 645 (26,3%) | 82 (46,6%)a | 264 (25,0%)b | 299 (24,4%)b | |

| | | | | |
|---|---|---|---|---|
| Conocidas/conocidos | 234 (9,5%) | 17 (9,7%)a | 87 (8,2%)a | 130 (10,6%)a |
| Otro | 106 (4,3%) | 5 (2,8%)a | 47 (4,5%)a | 54 (4,4%)a |

AFTL= Actividad físico-deportiva; Act= Actividad; Sit= Situación; C= Competición; Frecuencia= Frecuencia de práctica semanal; n = valores absolutos; χ2= Resultados del test Chi cuadrado de Pearson, *p* = diferencias estadísticamente significativas entre las mujeres en función de la edad, *p* < 0,05; gl= grado de libertad.

Los resultados comparativos del tipo de AFTL practicado en función de la edad muestran unos resultados estadísticamente significativos ($\chi$2=279,6 (10); p <0,01) (Tabla 1). Las mujeres de 18 a 24 años tienen una tendencia hacia las actividades individuales (35,8%), los duelos colectivos (26,7%) y las actividades en la naturaleza (24,4%), las de 25 a 44 años se muestran más cercanas a las actividades individuales (56,7%) y las actividades en la naturaleza (22,3%) y las de 45 a 65 años hacia las actividades individuales (55,5%), las actividades en la naturaleza (21,2%) y las cooperativas (17,8%).

En cuanto a la estructura de AFTL practicada, también existen diferencias estadísticamente significativas en función de la edad ($\chi$2=345,9 (6); p <0,01) (Tabla 1). Mientras que las mujeres de menor edad (18- 24 años) participan en actividades competitivas organizadas y federadas (39,8%) y no competitivas y no organizadas (35,2%), las mayores de 25 años (25-65 años) participan principalmente en actividades no competitivas tanto no organizadas (52,7% y 58,8%; 25-44 y 45-65 años respectivamente) como organizadas (31,7% y 31,9%; 25-44 y 45-65 años respectivamente).

La frecuencia de práctica semanal de AFTL en función de la edad no es estadísticamente significativa ($\chi$2=4 (4); p <0,41), sin embargo, se observa una clara tendencia a la práctica de AFTL semanal ≥3 veces por semana (81% a 85,2%) en todos los rangos de edad (Tabla 1).

Las mujeres guipuzcoanas a su vez muestran diferencias significativas ($\chi$2=91,1 (8); p <0,01) en función de la edad en cuanto a la compañía que prefieren para la práctica de AFTL (Tabla 1). Mientras que las más jóvenes (18-24 años) prefieren la compañía de amigas y amigos (46,6%) así como la práctica en solitario (36,9%), las de mediana edad y mayores (25-44 y 45-65 años respectivamente) prefieren la práctica en solitario

(47,2% y 37,2%), seguido de la compañía de amigas y amigos (25% y 24,4%), así como la compañía de la familia (15,2 % y 23,4%).

## Discusión

Las mujeres adultas guipuzcoanas de diferentes edades que son físicamente activas practican mayormente AFTL individuales, en la misma línea que se concluye en otros estudios (Ministerio de Cultura y Deporte, 2022; Teixeira et al., 2019). Así, Teixeira et al. (2019) observaron que para toda la etapa adulta prevalecen las actividades individuales como las de fitness o caminar, aunque también concluyeron para esta misma muestra portuguesa que la participación en las actividades de fitness disminuye considerablemente con la edad, y pasa lo contrario con la actividad caminar, que aumenta claramente según avanza la edad. Estos resultados coinciden con la Encuesta de hábitos deportivos en España (Ministerio de Cultura y Deporte, 2022), donde subrayan la preferencia de las mujeres por las actividades individuales como las gimnasias o la natación, y también remarcan la alta prevalencia de las actividades en la naturaleza como el senderismo. Asimismo, mencionan que la práctica de las gimnasias intensas disminuye con la edad, mientras suben las gimnasias suaves, la natación y sobre todo el senderismo. En el presente estudio, las actividades en la naturaleza mantienen una participación relevante por parte de mujeres de todas las edades. Esta importante participación podría interpretarse como una manera de empoderamiento colectivo donde las mujeres ganan confianza en sus habilidades físicas, experimentan vínculos y crean redes (Bosteder & Appleby, 2015; McAbirlin & Maddox, 2022).

En relación con la estructura de las AFTL que participan los datos obtenidos en el deporte de competición federado coinciden con los resultados de la última Encuesta de Hábitos Deportivos del año 2022, donde el 4,1% de las mujeres cuentan con una licencia deportiva federada (Ministerio de Cultura y Deporte, 2022), requisito indispensable para la práctica federada. Además, se observa una disminución de este tipo de actividades en las mujeres mayores de 24 años, hecho que ya destacaban otros estudios, subrayando que la tendencia comenzaba en la adolescencia (Eime et al., 2021; Eime et al., 2022; Kemp et al, 2018; Westerbeek & Eime, 2021). Las personas activas de mediana edad (25-45años) y mayores (45-65años) son más propensas a participar en actividades no competitivas organizadas y no organizadas como caminar, correr, montar en bicicleta, yoga y natación que en el deporte de competición (Eime et al., 2020; Hulteen et al., 2017; Ministerio de Cultura y Deporte, 2022; Strain et al., 2016; Westerbeek & Eime, 2021), coincidiendo con los datos obtenidos en el presente estudio.

En referencia a la frecuencia de práctica, en los tres grupos de edad la mayoría realizaba AFTL 3 veces o más a la semana, cumpliendo así con las recomendaciones de hacerlo al menos entre 3 y 5 veces a la semana (Wen, 2011). En las recomendaciones de la OMS y otras asociaciones como el Colegio Americano de Medicina Deportiva se señala que realizar 30 minutos de AF durante toda la semana, o al menos cinco días a la semana, podría ser beneficioso para la salud (Matsudo, 2012). En cuanto a la frecuencia de práctica de mujeres adultas a nivel estatal, según los datos de la encuesta de hábitos deportivos del Ministerio de Educación y Cultura, casi la mitad de las mujeres adultas practica al menos una vez a la semana, mientras que una quinta parte lo hace todos los días y la frecuencia va bajando según avanza la edad (Ministerio de Cultura y Deporte, 2022). En otro estudio se ha observado que las mujeres adultas realizan AF mayoritariamente tres o más días a la semana (Romero et al., 2010), coincidiendo con los datos de este estudio.

En cuanto a la compañía, en consonancia con otros estudios, las mujeres jóvenes prefieren hacer AFTL en compañía, disfrutando de la socialización en su tiempo de ocio (Sisjord, 2013; Spencer-Cavaliere et al., 2015). En el caso de las mujeres de entre 25 y 45 años, predominó realizar AFTL en solitario. En otras investigaciones se ha observado que, en esta etapa suele ser difícil coincidir con otras personas para hacer AFTL (Milne et al., 2014). Los trabajos de cuidado y el tiempo dedicado al trabajo, que suelen intensificarse en esta etapa, dificultan asistir a clases dirigidas con horarios fijos, apuntarse a actividades que requieran de constancia y compromiso o coincidir con amigas (Brown y Bowmer, 2019; Hoare et al., 2017; Spotswood et al., 2021). En cuanto a las mujeres de entre 45 y 65 años, aunque la mayoría hacía ATFL en solitario, la participación con amigas y amigos y la práctica con familiares también resultó ser importante. A medida que aumenta la edad, es habitual la reducción de círculos sociales y de amistades, lo que puede dificultar hacer AFTL en compañía (Wrzus et al., 2013). No obstante, en otros estudios también se ha observado que para algunas mujeres mayores la AFTL es una forma de socialización y una de las principales razones para hacerlo (Lenneis y Pfister, 2017; Liechty 2016; Morris et al., 2019), lo que coincide con los resultados de este estudio ya que, para el grupo de edad más mayor, la mayoría lo hacía en compañía, ya sea de amigas y amigos o de familiares.

Con todo, cabe destacar que el tipo de AFTL, su frecuencia y la compañía para su práctica está condicionado por la edad de las mujeres, ya que diversos eventos que suceden en diferentes momentos vitales influyen en el nivel de práctica de AFTL y su tipología (Van Houten et al., 2017) en un ámbito como el del ocio que desde los estudios feministas es el espejo de la sociedad y tiene implicaciones personales, sociales, culturales, económicas y políticas en la vida de las mujeres (Henderson, 2013).

## Conclusiones

La edad es un correlato efectivo para diferenciar los hábitos de AFTL de las mujeres guipuzcoanas, su estudio y conocimiento puede ayudar a optimizar las políticas públicas de promoción de actividad física en mujeres adultas, incidiendo en las diferencias existentes entre los diversos tramos de edad. A partir de estos resultados, se podrían diseñar y desarrollar programas o actividades de AFTL que tomaran en consideración el tipo y la estructura de AFTL, la frecuencia de práctica y la compañía con la que realizan AFTL.

**Financiación:** Esta investigación ha sido financiada por la DIPU-TACIÓN FORAL DE GIPUZKOA en el marco de la "Investigación aplicada para la promoción de la actividad física en la población de Gipuzkoa" (2020.0662).

## Referencias bibliográficas

Abella, R. (2021). El papel de la mujer en el sector de automoción. *Https://Www. Auto-Revista.Com/Texto-Diario/Mostrar/2257065/Papel-Mujer-Sector-Automocion.*

Ansari, W. E., & Lovell, G. (2009). Barriers to exercise in younger and older non-exercising adult women: a cross sectional study in London, United Kingdom. *International Journal of Environmental Research and Public Health, 6*(4), 1443-1455.

Appleby, K. M., & Fisher, L. A. (2009). "Running In and Out of Motherhood": Elite Distance Runners' Experiences of Returning to Competition. *Women in Sport and Physical Activity Journal, 18*(1).

Bauman, A. E., Reis, R. S., Sallis, J. F., Wells, J. C., Loos, R. J., & Martin, B. W. (2012). Correlates of physical activity: why are some people physically active and others not?. *The lancet, 380*(9838), 258-271.

Bauman, A., Bull, F., Chey, T., Craig, C. L., Ainsworth, B. E., Sallis, J. F., ... & IPS Group adrianb@ health. usyd. edu. au. (2009). The international prevalence study on physical activity: results from 20 countries. *International Journal of Behavioral Nutrition and Physical Activity, 6*, 1-11.

Bosteder, S. M., & Appleby, K. M. (2015). Naturally fit: An investigation of experiences in a women only outdoor recreation program. *Women in Sport and Physical Activity Journal, 23*(1), 1-8.

Brown, N., & Bowmer, Y. (2019). A comparison of perceived barriers and motivators to physical activity in young and middle-aged women. *Women in Sport and Physical Activity Journal, 27*(1), 52–59. https://doi.org/10.1123/wspaj.2017-0045

Brown, W. J., Heesch, K. C., & Miller, Y. D. (2009). Life events and changing physical activity patterns in women at different life stages. *Annals of Behavioral Medicine, 37*(3), 294-305.

Choi, J., Lee, M., Lee, J. K., Kang, D., & Choi, J. Y. (2017). Correlates associated with participation in physical activity among adults: a systematic review of reviews and update. *BMC public health, 17*, 1-13.

Duin, D. K., Golbeck, A. L., Ennis, A., Ciemins, E., Hanson, H., Neary, T., & Fink, H. (2015). Using gender-based analyses to understand physical inactivity among women in Yellowstone County, Montana. *Evaluation and Program Planning, 51*, 45–52. https://doi.org/10.1016/j.evalprogplan.2014.12.006

Eime, R., Charity, M., Harvey, J., & Westerbeek, H. (2021). Five-year changes in community-level sport participation, and the role of gender strategies. *Frontiers in Sports and Active Living, 3*, 710666.

Eime, R., Charity, M., & Westerbeek, H. (2022). The Sport Participation Pathway Model (SPPM): a conceptual model for participation and retention in community sport. *International Journal of Sport Policy and Politics, 14*(2), 291–304. https://doi.org/10.1080/19406940.2022.2034913

Eime, R., Harvey, J., Karg, A., O'Boyle, I., Heckel, L., Charity, M. & Westerbeek, H. (2023). Motivations to be active in club-based sport compared to fitness centres, *Managing Sport and Leisure*, 1-18. https://doi.org/10.1080/23750472.2023.2248139

Eizagirre-Sagastibeltza, O., Fernandez-Lasa, U., Yanci, J., Romaratezabala, E., Cayero, R., Iturrioz, I., & Usabiaga, O. (2022). Design and Validation of a Questionnaire to Assess the Leisure Time Physical Activity of Adult Women in Gipuzkoa. *International Journal of Environmental Research and Public Health, 19*(9). https://doi.org/10.3390/ijerph19095736

Engberg, E., Alen, M., Kukkonen-Harjula, K., Peltonen, J. E., Tikkanen, H. O., & Pekkarinen, H. (2012). Life events and change in leisure time physical activity: a systematic review. *Sports Medicine, 42*, 433-447.

Fernandez-Lasa, U., Eizagirre-Sagastibeltza, O., Cayero, R., Romaratezabala, E., Martínez-Abajo, J., & Usabiaga, O. (2024). Young women's leisure time physical activity determinants: a mixed methods approach. *Frontiers in Psychology, 15*, 1281681.

Gallagher, P., Yancy Jr, W. S., Swartout, K., Denissen, J. J., Kühnel, A., & Voils, C. I. (2012). Age and sex differences in prospective effects of health goals and motivations on daily leisure-time physical activity. *Preventive Medicine, 55*(4), 322-324.

Gropper, H., John, J. M., Sudeck, G., & Thiel, A. (2020). The impact of life events and transitions on physical activity: A scoping review. *PloS one*, *15*(6), e0234794.

Henderson, K. A. (2013). Feminist leisure studies: Origins, accomplishments and prospects. En T. Bradshaw (Ed.), *Handbook of leisure* (pp. 26-39). Oxon, UK: Routledge.

Hulteen, R. M., Smith, J. J., Morgan, P. J., Barnett, L. M., Hallal, P. C., Colyvas, K., & Lubans, D. R. (2017). Global participation in sport and leisure-time physical activities: A systematic review and meta-analysis. *Preventive Medicine*, *95*, 14–25. https://doi.org/10.1016/j.ypmed.2016.11.027

Kemp, B. J., Cliff, D. P., Chong, K. H., & Parrish, A.-M. (2018). Longitudinal changes in domains of physical activity during childhood and adolescence: A systematic review. *Journal of Science and Medicine in Sport*, https://doi.org/10. 1016/j.jsams.2018.12.012

Lenneis, V., & Pfister, G. (2017). Health messages, middle-aged women and the pleasure of play. *Annals of Leisure Research*, *20*(1), 55–74. https://doi.org/10.1080/11745398.2016.1207091

Liechty, T., Genoe, M. R., & Marston, H. R. (2016). Physically active leisure and the transition to retirement: the value of context. *Annals of Leisure Research*, *20*(1), 23–38. https://doi.org/10.1080/11745398.2016.1187570

Martín, M., Barriopedro, M. I., & Espada, M. (2022). Influencia de la edad, la maternidad y el empleo en las barreras para la práctica de actividad física y deporte de las mujeres adultas en España. *Retos*, *44*, 667–675. https://doi.org/10.47197/retos.v44i0.88076

Matsudo, S. M. M. (2012). Physical Activity: A Health Passport. *Revista Médica Clínica Las Condes*, *23*(3), 209-217. https://doi.org/10.1016/S0716-8640(12)70303-6

McAnirlin, O., & Maddox, C. B. (2022). 'We have to be a little more realistic': women's outdoor recreation experiences in a community hiking group. *Annals of Leisure Research*, *25*(3), 335-351.

McGannon, K. R., McMahon, J., & Gonsalves, C. A. (2018). Juggling motherhood and sport: A qualitative study of the negotiation of competitive recreational athlete mother identities. *Psychology of Sport and Exercise*, *36*(July 2017), 41–49. https://doi.org/10.1016/j.psychsport.2018.01.008

Milne, M., Divine, A., Hall, C., Gregg, M., & Hardy, J. (2014). Non-Participation: How Age influences inactive women's views of exercise. *Journal of Applied Biobehavioral Research, 19*(3), 171–191. https://doi.org/10.1111/jabr.12024

Ministerio de Cultura y Deporte (2022). *Encuesta de hábitos deportivos en España.*

Morris, S., Guell, C., & Pollard, T. M. (2019). Group walking as a "lifeline": Understanding the place of outdoor walking groups in women's lives. *Social Science and Medicine, 238*(March). https://doi.org/10.1016/j.socscimed.2019.112489

Organización Mundial de la Salud. (2020). *Directrices de la OMS sobre actividad física y hábitos sedentarios: de un vistazo.* https://apps.who.int/iris/rest/bitstreams/1318324/retrieve

Owen, N., Healy, G. N., Dempsey, P. C., Salmon, J., Timperio, A., Clark, B. K., Goode, A. D., Koorts, H., Ridgers, N. D., Hadgraft, N. T., Lambert, G., Eakin, E. G., Kingwell, B. A., & Dunstan, D. W. (2019). Sedentary behavior and public health: Integrating the evidence and identifying potential solutions. *Annual Review of Public Health, 41*, 265–287. https://doi.org/10.1146/annurev-publhealth-040119-094201

Peng, B., Ng, J. Y., & Ha, A. S. (2023). Barriers and facilitators to physical activity for young adult women: a systematic review and thematic synthesis of qualitative literature. *International Journal of Behavioral Nutrition and Physical Activity, 20*(1), 23.

Romero, S., Carrasco, L., Sañudo, B., & Chacón, F. (2010). Actividad física y percepción del estado de salud en adultos sevillanos. *Revista Internacional de Medicina y Ciencias de la Actividad Física y el Deporte, 10*(39), 380-392.

Segar, M. L., Heinrich, K. M., Zieff, S. G., Lyn, R., Gustat, J., Tompkins, N. O., Perry, C. K., Umstattd Meyer, M. R., Bornstein, D., Manteiga, A., & Eyler, A. A. (2017). What walking means to moms: Insights from a national sample to frame walking in compelling ways to low-income urban mothers. *Journal of Transport and Health, 5*, 5–15. https://doi.org/10.1016/j.jth.2016.06.004

Sisjord, M. K. (2013). Women's snowboarding–some experiences and perceptions of competition. *Leisure Studies, 32*(5), 507–523. https://doi.org/10.1080/02614367.2012.685334

Spencer-Cavaliere, N., Kingsley, B. C., & Gotwals, J. K. (2015). Ethic of care and the competitive Ultimate Frisbee playing experiences of young women. *Leisure Studies, 36*(3), 329–340. https://doi.org/10.1080/02614367.2015.1105859

Spotswood, F., Nobles, J., & Armstrong, M. (2021). "We're just stuck in a daily routine": Implications of the temporal dimensions, demands and dispositions of mothering for leisure time physical activity. *Sociology of Health and Illness, 43*(5), 1254–1269. https://doi.org/10.1111/1467-9566.13291

Strain, T., Fitzsimons, C., Foster, C., Mutrie, N., Townsend, N., & Kelly, P. (2016). Agerelated comparisons by sex in the domains of aerobic physical activity for adults in Scotland. *Preventive Medicine Reports, 3*, 90–97. https://doi.org/10.1016/j.pmedr.2015.12.013

Teixeira, P. J., Marques, A., Lopes, C., Sardinha, L. B., & Mota, J. A. (2019). Prevalence and Preferences of Self-Reported Physical Activity and Nonsedentary Behaviors in Portuguese Adults. *Journal of Physical Activity & Health, 16*(4).

Van Houten, Jasper; Kraaykamp, Gerbert y Breedveld, Koen. (2017). When do young adults stop practising a sport? An event history analysis on the impact of four major life events. *International Review for the Sociology Sport, 2*(7), 858-874. https://doi.org/10.1177/1012690215619204

Varma, V. R., Dey, D., Leroux, A., Di, J., Urbanek, J., Xiao, L., & Zipunnikov, V. (2017). Re-evaluating the effect of age on physical activity over the lifespan. *Preventive Medicine, 101*, 102-108.

Weinstein, N., Hansen, H., & Nguyen, T. vy. (2023). Who feels good in solitude? A qualitative analysis of the personality and mindset factors relating to well-being when alone. *European Journal of Social Psychology, 53*(7), 1443–1457. https://doi.org/10.1002/ejsp.2983

Wen, C. P., Wai, J. P. M., Tsai, M. K., Yang, Y. C., Cheng, T. Y. D., Lee, M. C., Chan, H. T., Tsao, C. K., Tsai, S. P., & Wu, X. (2011). Minimum amount of physical activity for reduced mortality and extended life expectancy: A prospective cohort study. *The Lancet, 378*(9798), 1244–1253. https://doi.org/10.1016/S0140-6736(11)60749-6

Westerbeek, H., & Eime, R. (2021). The Physical Activity and Sport Participation Framework-A Policy Model Toward Being Physically Active Across the Lifespan]. *Frontiers in Sports and Active Living, 3*(90). https://doi.org/10.3389/fspor.2021.608593

Whitehead, A., Umeh, K., Walsh, B., Whittaker, E., & Cronin, C. (2019). Back to netball: Motivations for participation in a female-focused netball sport program. *Women in Sport and Physical Activity Journal, 27*(1), 21–29. https://doi.org/10.1123/wspaj.2017-0019

Wrzus, C., Hänel, M., Wagner, J., & Neyer, F. J. (2013). Social network changes and life events across the life span: A meta-analysis. *Psychological Bulletin*, *139*(1), 53–80. https://doi.org/10.1037/a0028601

# Parte 3: Trastornos, Violencia y Masculinidad

# Detección temprana de los trastornos de la conducta alimentaria en cuanto al género en alumnado de educación primaria

Ugarte Mota, Elda[1]; Sánchez Gómez, María[2]; Rodríguez Fernández, Arantzazu[3]; Goñi Palacios, Eider[4]
[1]*Universidad del País Vasco UPV/EHU, eugarte026@ikasle.ehu.eus*
[2] *Universidad del País Vasco UPV/EHU, msachez192@ikasle.ehu.eus*
[3]*Universidad del País Vasco UPV/EHU,, arantzazu.rodriguez@ehu.eus*
[4]*Universidad del País Vasco UPV/EHU, eider.goni@ehu.eus*

## Resumen

La sociedad actual está fuertemente influenciada por estándares de belleza, que promueven la delgadez como un ideal, especialmente dirigido a las mujeres. Esta presión contribuye al aumento de los Trastornos de la Conducta Alimentaria, que cada vez están surgiendo en edades más tempranas, siendo las mujeres más vulnerables. Este estudio se enfoca en crear un cuestionario para detectar estos trastornos en niños y niñas de entre 9 y 12 años, dentro del ámbito de la educación formal. El objetivo principal es la detección de estas patologías en este rango de edad, y como objetivo específico, se analizan las diferencias de género para evidenciar la necesidad de una prevención diferenciada. Se aplica la validación del Test de Siluetas en sujetos preadolescentes (Maganto y Cruz, 2008) y un cuestionario creado ad hoc sobre presiones corporales, relación con la imagen corporal e ingesta de alimentos. La muestra incluye 530 participantes (49,1% mujeres, 50% hombres y 0,9% personas no binarias). Los resultados confirman que hay sujetos con elevada insatisfacción corporal que les sitúa en una franja de alto riesgo, al igual que una diferencia entre sexos, estando las mujeres más insatisfechas con su cuerpo, y siendo más proclives a tener un alto riesgo de TCA.

**Palabras clave:** trastornos alimentarios, detección, riesgo, educación primaria, perspectiva de género.

## Introducción

A lo largo de períodos históricos y distintas culturas, la relación entre la corporalidad y los aspectos sociales y culturales ha estado muy ligada. En la sociedad occidental en la que vivimos, el cuerpo ha asumido una función crucial como intermediario cultural, siendo moldeado por los valores, creencias y estándares estéticos que cada sociedad promueve. En consecuencia, las últimas décadas del siglo XX y el inicio del siglo XXI se han caracterizado por un culto total al cuerpo. En este contexto, han surgido diversas afecciones, como los Trastornos de la Conducta Alimentaria (TCA) (Behar, 2010).

Los TCA engloban un conjunto de trastornos mentales que se distinguen por manifestar una conducta anómala frente a la alimentación y/o la aparición de comportamientos orientados a regular el peso. Esta alteración provoca dificultades tanto a nivel físico como en el funcionamiento psicosocial. Son enfermedades que tienen como características principales un comportamiento distorsionado de la alimentación y una extrema preocupación por la autoimagen y el peso corporal (Hernández et al., 2020). Son tres los principales representantes: la anorexia nerviosa, la bulimia nerviosa y los TCA no especificados (Soriano, 2012).

Hasta ahora, los TCA han sido objeto de estudio de diversas investigaciones en jóvenes adolescentes; puesto que, a esa edad es cuando se producen cambios tanto biológicos como en el aspecto físico, generando una mala relación con su imagen corporal (Gaete y López, 2020). Normalmente, los primeros diagnósticos de TCA suelen hacerse al comienzo de la adolescencia, con la primera menarquia en el caso de las mujeres (Diener, 2005). Aunque, el DSM-5 (American Pychological Association, 2014), expone la existencia de estas patologías a partir de los 6 años de edad, comenzando con miedo a engordar y restricciones alimenticias. En la edad escolar (6-12 años) ya existen múltiples factores que incrementan la vulnerabilidad al trastorno, a la vez que se está observando un aumento en el número de casos precoces, aunque son pocos los estudios centrados en esa población (Pursey et al., 2021).

Asimismo, diversos autores, han planteado la idea de que la orientación del rol de género y, especialmente, la socialización ligada a la identidad genérica femenina, sitúa a las mujeres en una posición vulnerable para desarrollar un trastorno alimentario. Durante la etapa escolar, aparece la preocupación por la imagen corporal, la que se asocia con popularidad, inteligencia y éxito, y se rechaza la gordura. Esta situación se observa con mayor frecuencia en las mujeres, que centran su ideal en un cuerpo delgado. Por ello, están más insatisfechas con su peso, se perciben considerablemente más pesadas de lo que realmente son y con frecuencia intentan reducir su peso (Valverde et al., 2016).

Por lo tanto, se presenta la necesidad de crear una herramienta de investigación para la detección temprana de los Trastornos de la Conducta Alimentaria, atendiendo a la perspectiva de género. Puesto que para que las mujeres dejen de ser un colectivo vulnerable, se observa la necesidad de estudiar estas diferencias, con el fin de impulsar futuros programas de prevención que se centren en abolir las desigualdades. Asimismo, realizar una detección precoz será beneficioso, ya que permite intervenir antes de que la patología se agrave, mejorando el pronóstico y facilitando estrategias preventivas efectivas desde edades tempranas (Correa et al., 2016).

Para su investigación, la escuela puede ser un lugar propicio, puesto que se puede acceder conjuntamente a la población que nos interesa y es un espacio donde reciben la mayoría de comentarios despectivos hacia el cuerpo, lo que puede influir en la percepción corporal y en la autoestima de los y las estudiantes (Samatán-Ruiz y Ruiz-Lázaro, 2021). En las aulas escolares podrían llevarse a cabo diversos programas centrados en prevenir y detectar los trastornos alimentarios. Puesto que no solo es un espacio de aprendizaje académico, sino también un entorno crucial para el desarrollo personal (Moreno, 2016).

Asimismo, el entorno escolar brinda la oportunidad de observar los hábitos alimenticios, lo que puede ser relevante para la detección temprana de TCA. Por ejemplo, comportamientos como la evitación de alimentos o conductas inusuales durante las comidas, pueden servir como señales de alerta. Por lo tanto, además del aula, entornos como el comedor o el patio escolar, podrían ser espacios donde poder observar aspectos tanto conductuales como alimentarios (Arija-Val y Canals, 2022).

Por este motivo, el cuestionario servirá para usarlo en clase, pudiéndola utilizar cualquier docente, sin necesidad de conocimientos previos. Puesto que el rol del profesorado en este caso puede ser clave, ya que esta figura convive a diario con el alumnado, y puede observar y analizar conductas tanto individuales como grupales. Es por ello, que resulta propicio que se le faciliten herramientas para dicha labor. Una detección precoz y aplicar un tratamiento terapéutico apropiado a través de los diversos profesionales involucrados en el entorno educativo, podría marcar un cambio significativo en la frecuencia de estas patologías (Rabadán y Giménez, 2012).

## Objetivos

El objetivo principal de este estudio es realizar la detección temprana de los Trastornos de la Conducta Alimentaria en alumnado de la etapa de educación primaria, más concretamente en los cursos cuarto, quinto y sexto. Como objetivo específico, el estudio se centrará en observar las diferencias de género encontradas entre hombres y mujeres. Con el fin de demostrar su desigualdad, y visibilizar la necesidad de realizar una prevención diferenciada que busque eliminar las diferencias de género.

## Metodología

### Participantes

En este estudio han participado 530 sujetos de entre 9 y 12 años (M = 10.5, DT = 0.78); un 50% niños, un 49.1% niñas y un 0.9 % personas no binarias. Los y las participantes son de los últimos cursos de la etapa de Educación Primaria, más concretamente, 161 sujetos de cuarto curso, 202 sujetos de quinto curso y 167 sujetos de sexto curso. Esta etapa preadolescente representa un momento crítico en el desarrollo de la relación con la imagen corporal y los hábitos alimenticios, lo que la convierte en un periodo idóneo para la detección de los TCA (Correa et al., 2016). En cuanto a los centros escolares en los que cursaban estudios los y las participantes, cabe reseñar que han sido seis, tanto de índole público como concertado, de la provincia de Vizcaya, situados en barrios de clase media. El tipo de muestreo es no probabilístico, puesto que los centros educativos no se seleccionaron de forma aleatoria, sino incidentalmente.

### Instrumentos de medida

En cuanto al instrumento de medida, es un cuestionario que tiene como finalidad la detección de los Trastornos de la Conducta Alimentaria en sujetos de entre los 9 y 12 años. Al inicio, se piden datos tales como, el sexo, el año de nacimiento, el peso, la altura y el centro escolar. A continuación, se aplica el Test de Siluetas para Adolescentes (Maganto y Cruz, 2008). Este test está diseñado para adolescentes de entre catorce y dieciocho años, y en esta ocasión se lleva a cabo por niños y niñas entre los nueve y los doce años. Puesto que es un cuestionario sencillo y con un lenguaje compresible para cualquier edad, no se ha realizado ningún cambio. Se presentan diez preguntas, que vienen acompañadas de los dibujos de ocho siluetas dispuestas de cuerpos más delgados a más gordos, y diferenciadas en siluetas de hombres y de mujeres. En estos ítems los sujetos evalúan las siluetas según si les parece que son delgadas, gordas o ni delgadas ni gordas, al igual que señalan cuál de las siluetas se asemeja a su figura actual y cuál les gustaría tener.

Mediante sus respuestas, se calcula el grado de distorsión e insatisfacción corporal. El grado de distorsión observa cómo el sujeto percibe su cuerpo, si se identifica con la silueta que va con su IMC su índice es 0, y no presentaría ninguna distorsión. Los valores negativos se dan cuando el sujeto elige una figura más delgada de la que le corresponde, y los valores positivos, si elige una figura más gorda. El grado de insatisfacción, mide la relación entre el cuerpo que al sujeto le gustaría tener con el que tiene en realidad. Si las figuras que elige el sujeto se corresponden, el valor de la desviación será 0, es decir, el sujeto estará satisfecho con la figura que tiene. Los valores positivos indican que el sujeto desearía estar más gordo de cómo se percibe y los valores negativos, indican que el sujeto desearía estar más delgado de cómo se percibe. Este cuestionario presenta una consistencia interna alta dado que el alfa de Cronbach es de $\alpha= .813$. Además de un alto índice de fiabilidad, la utilización de las siluetas como forma de respuesta hace que este cuestionario sea sencillo de entender para preadolescentes, y proporciona información relevante en cuanto a la realización de un primer diagnóstico de indicadores de riesgo de TCA.

La Escala de Conducta Alimentaria y Relación Corporal (ECARC), está compuesta por doce ítems creados para este cuestionario en concreto. Estos ítems están estructurados en dos dimensiones, puesto que se mide el tipo de relación con la comida que tienen los sujetos, y la relación que tienen con su imagen corporal, al igual que la presión por los iguales hacia el modelo estético corporal. La dimensión centrada en la relación con la alimentación (ECA), está conformada por cuatro ítems. En cambio, la que atiende a la relación con el modelo estético corporal (ERC), tiene ocho ítems. La respuesta a estas preguntas se realiza siguiendo una escala de tipo Likert.

Teniendo esto en cuenta, las variables a medir serían las siguientes: el género, curso escolar y el IMC, y, por otro lado, la relación con la imagen corporal, el riesgo de TCA, las presiones corporales que reciben y su relación con la alimentación.

## Procedimiento

En primer lugar, se seleccionan los centros educativos que participan y se hace una primera reunión con el equipo directivo de cada centro donde se explica el estudio, al igual que los procedimientos que se van a llevar a cabo en el aula. Cuando los centros escolares aceptan dicha propuesta, se les facilita un documento de consentimiento informado que deberán rellenar los tutores legales de los y las participantes, al igual que un documento de autorización del centro. Una vez elegida la fecha en la que se realiza el cuestionario, las investigadoras se acercan a los centros escolares. Las y los participantes, tardaron una media de quince minutos en responderlo y enviarlo. Esta investigación ha sido aprobada por el Comité de Ética (UPV/EHU), por lo que cumple con los principios éticos, metodológicos y legales establecidos para investigaciones con seres humanos.

## Análisis de datos

Al comienzo se analiza lo correspondiente al Test de Siluetas para Adolescentes (TSA) (Maganto y Cruz, 2008). Se calculan los percentiles del peso, la altura y el IMC de los sujetos participantes. A continuación, se asigna a cada silueta a un intervalo centil. Para ello, se utiliza el gráfico de las tablas de crecimiento, propuesta por la Fundación Faustino Orbegozo. Estas operaciones permiten obtener el índice de distorsión de hombres y de mujeres, es decir, la diferencia entre la silueta elegida por el sujeto con la que se identifica y la que realmente le corresponde según su IMC. También se obtiene el índice de insatisfacción o diferencia entre la silueta con la que se identifica el sujeto y la que desea tener.

Finalmente, mediante el Test de Siluetas se calcula también el riesgo que tienen los sujetos de padecer TCA. Para ello, se observan las tablas de interpretación propuestas por los autores. En ellas hay una tabla por cada una de las siluetas. Primero se observa cuál es la silueta que le corresponde a cada sujeto atendiendo a su IMC. A continuación se selecciona la tabla que le corresponde y se observa la puntuación obtenida en el grado de distorsión e insatisfacción. Finalmente, con la combinación entre las puntuaciones de cada sujeto, se obtiene el riesgo que presenta: sin relevancia, posible desajuste o riesgo moderado o alto.

A continuación, se realiza la Anova de un factor entre el riesgo de sufrir TCA y la suma de las puntuaciones obtenidas en las dos escalas del cuestionario creado, con el fin de realizar la comparación de medias de la variable dependiente a partir de más de dos categorías de una misma variable independiente. Asimismo, se vuelve a realizar esta operación teniendo en cuenta las diferentes puntuaciones obtenidas entre hombres y mujeres. Por último, se calcula la fiabilidad por medio de la consistencia interna.

## Resultados

Atendiendo al índice de distorsión, en el caso de los hombres, se obtiene que el 20.9% tiene un valor 0, es decir, que no demuestra distorsión. Por otro lado, el 44.6% muestra valores positivos (los sujetos han elegido una figura más gorda de la que le corresponde) y el 34.5 % muestra valores negativos (los sujetos han elegido una figura más delgada de la que le corresponde). En cuanto a las mujeres, el 17.1% no demuestra ningún grado de distorsión. Por otro lado, el 41.8% muestra valores positivos y el 41.1% muestra valores negativos. En lo respectivo al índice de insatisfacción, en el caso de los hombres, el 46% tiene un valor 0, es decir, que no demuestra insatisfacción. Por otro lado, el 27.27% muestra valores positivos (desearían estar más gordos) y el 26.73 % muestra valores negativos (desearían estar más delgados). En cuanto a las mujeres, se observa como el 45.5%, tiene un valor 0, el 48.6% muestra valores negativos y el 5.9 % muestra valores positivos. Por lo tanto, se encuentra un porcentaje considerable de mujeres que no están satisfechas con su cuerpo, y les gustaría estar más delgadas.

Teniendo en cuenta estos datos, se observan los siguientes resultados en cuanto al riesgo de sufrir trastornos alimentarios.

## Tabla 1. Riesgo de padecer TCA en cuanto al Sexo

|  |  | Mujeres | Hombres | No binario | Total |
|---|---|---|---|---|---|
| Rango Riesgo | Riesgo M/A | 57 | 35 | 0 | 92 |
|  | Posible Desajuste | 60 | 81 | 1 | 142 |
|  | Sin Relevancia | 143 | 149 | 4 | 296 |

En el caso de las mujeres, hay 57 que muestran un riesgo alto o moderado, 60 que muestran un posible desajuste y 143 sin relevancia. En el caso de los hombres, 35 muestran riesgo, 81 un posible desajuste y 149 sin relevancia. Para confirmar si las diferencias entre estos grupos son significativas, se realiza la prueba de Chi-cuadrado de Pearson, la cual demuestra que existen diferencias significativas entre los grupos, en cuanto al sexo y el riesgo de padecer TCA ($p$ = 0.006).

En cuanto a la Anova de un factor, teniendo en cuenta el riesgo de padecer TCA, se suma el total de las puntuaciones que obtienen los sujetos en las dos escalas y se logran los siguientes resultados.

## Tabla 2. Anova de un factor entre el Riesgo de TCA y la Suma del ECA y ERC

|  |  | $n$ | Media | Desv. estándar | $F$ | *Sig.* |
|---|---|---|---|---|---|---|
|  | Riesgo | 92 | 28.71 | 6.02 |  | <.001 |
| Total ECA | Posible Desajuste | 141 | 36.55 | 5.38 | 5.48 | <.001 |
|  | Sin Relevancia | 297 | 37.52 | 5.18 |  | <.001 |
|  | Riesgo | 92 | 39.16 | 6.58 |  | <.001 |
| Total ERC | Posible Desajuste | 141 | 46.80 | 6.01 | 7.92 | <.001 |
|  | Sin Relevancia | 297 | 47.51 | 5.13 |  | <.001 |

*Leyenda: ECA: Escala Conducta Alimentaria; ERC: Escala Relación Corporal

Atendiendo a las medias obtenidas en los diferentes grupos, se observan diferencias entre el grupo de riesgo y los grupos de posible desajuste y sin relevancia. Puesto que el grupo de riesgo tiene una media más baja en comparación con el resto y, en cambio, no se encuentra tanta diferencia entre las medias del grupo de posible desajuste y sin relevancia. En cuanto a la Anova, demuestra la existencia de diferencias significativas entre los grupos ($p$ = <0.001). En lo que respecta al tamaño del efecto, es pequeño, puesto que el *Eta cuadrado de Pearson* es de 0.21. En cuanto a las diferencias de las puntuaciones obtenidas entre hombres y mujeres, se han adquirido las siguientes puntuaciones.

**Tabla 3. Anova de un factor entre el Riesgo de TCA y la Suma del ECA y ERC en cuanto al Sexo**

| Mujeres | | *n* | Media | Desv. estándar | *F* | *Sig.* |
|---|---|---|---|---|---|---|
| | Riesgo | 57 | 26.91 | 6.12 | | <.001 |
| Total ECA | Posible Desajuste | 60 | 34.65 | 5.86 | 5.08 | <.001 |
| | Sin Relevancia | 143 | 38.77 | 5.18 | | <.001 |
| | Riesgo | 57 | 38.75 | 6.38 | | <.001 |
| Total ERC | Posible Desajuste | 60 | 45.02 | 6.21 | 7.33 | <.001 |
| | Sin Relevancia | 143 | 47.81 | 5.18 | | <.001 |

| Hombres | | *n* | Media | Desv. estándar | *F* | *Sig.* |
|---|---|---|---|---|---|---|
| | Riesgo | 35 | 38.91 | 6.70 | | <.001 |
| Total ECA | Posible Desajuste | 81 | 40.51 | 4.88 | 4.98 | <.001 |
| | Sin Relevancia | 149 | 42.07 | 5.81 | | <.001 |
| | Riesgo | 35 | 43.95 | 6.03 | | <.001 |
| Total ERC | Posible Desajuste | 81 | 48.22 | 5.81 | 7.14 | <.001 |
| | Sin Relevancia | 149 | 49.01 | 5.88 | | <.001 |

Se contempla como tanto en hombres como en mujeres, existen diferencias en las medias entre el grupo de riesgo y el de posible desajuste y sin relevancia. En el caso de las mujeres, se observan puntuaciones más bajas que en el de los hombres. En los dos casos, se encuentran diferencias estadísticamente significativas entre los grupos ($p$=<0.001), y el tamaño del efecto vuelve a ser pequeño. Por último, se calcula el Alfa de Cronbach con el fin de conocer la consistencia interna del test. El resultado de este es de 0.70, por lo que se afirma que su fiabilidad es aceptable.

## Conclusiones

En primer lugar, cabe destacar que este estudio ha permitido identificar un riesgo significativo de desarrollar Trastornos de la Conducta Alimentaria a edades tempranas. Los resultados obtenidos tanto del Test de Siluetas para Adolescentes (Maganto y Cruz, 2008) como en la escala creada sugieren un posible riesgo de estas patologías en niños y niñas de entre nueve y doce años. Esto coincide con lo señalado por Pursey et al. (2021), quienes destacan que los TCA están comenzando a manifestarse a edades cada vez más precoces.

Por otro lado, como se exponía en el objetivo específico de esta investigación, se encuentra una notable diferencia entre hombres y mujeres. Las mujeres muestran una mayor insatisfacción corporal y un mayor riesgo de sufrir TCA en comparación con los hombres. Además, las mujeres con mayor riesgo han sido las que peores puntuaciones han tenido en cuanto a las presiones corporales, la relación con la ingesta de alimentos y con su imagen corporal. Esto se vincula con la socialización ligada a la identidad genérica femenina, quienes obtienen mayores presiones estéticas y son más vulnerables a desarrollar un trastorno alimentario (Valverde et al., 2016).

Teniendo estos resultados en cuenta, este estudio resalta la necesidad de dotar a los y las docentes de herramientas prácticas para prevenir los TCA desde una perspectiva inclusiva y de género. Los agentes escolares pueden desempeñar un papel fundamental promoviendo actividades que fomenten una percepción corporal positiva, talleres de autoestima y sesiones educativas sobre el impacto de los medios de comunicación y los estándares de belleza. Además, es esencial incorporar estrategias que cuestionen los estereotipos de género, como debates sobre cómo las expectativas sociales afectan de manera diferenciada a niños y niñas. Establecer una comunicación efectiva con orientadores escolares y familias es clave para abordar estas problemáticas de forma temprana, coordinada y sensible a las desigualdades de género (Antolín, 2017).

En cuanto a las limitaciones de este estudio, ha de tenerse en cuenta que la escala creada es una prueba piloto. Por lo tanto, tiene cadencias en cuanto a la validación y no se ha obtenido una alta consistencia interna. Esto se debe a que al trabajar con una población joven, el número de ítems no podía ser muy extenso, lo que podría haber limitado la profundidad de los datos. Teniendo esto en cuenta, en un futuro se crearía una base de datos centrada solamente en cuestiones como la relación con la ingesta de alimentos, las presiones corporales y la relación con la imagen corporal, con un número mayor de ítems mejor redactados. Asimismo, cabe destacar que la validación del Test de Siluetas para Adolescentes (Maganto y Cruz, 2008) en la población de este estudio, se encuentra en prensa, y, por lo tanto, dificultaría la replicabilidad de esta investigación. Por último, sería recomendable repetir estos resultados con una muestra aleatoria más amplia, lo que permitiría extraer conclusiones más sólidas.

Para concluir, se considera que se han aportado resultados relevantes. Normalmente, las investigaciones relativas a este constructo, se suelen realizar con adolescentes, puesto que es donde se halla una mayor prevalencia, aunque en este estudio se presenta un riesgo de aparición en edades precoces. Algunos autores indican que la relación entre la edad de aparición, y la gravedad y el pronóstico del trastorno es inversamente proporcional; es decir, cuanto más joven es la persona que desarrolla un TCA, más grave suele ser la enfermedad (Pursey et al., 2021). Por lo tanto, se subraya la necesidad de realizar la detección y prevención de estos trastornos en edades tempranas, teniendo como foco la perspectiva de género.

### Referencias bibliográficas

Antolín, M. (2017). 3 dinámicas para prevenir la insatisfacción corporal. *Revista Española de Investigaciones Sociológicas, 50*(65), 50-64.

American Psychiatric Association (APA). 2014. *Manual diagnóstico y estadístico de los trastornos mentales (5.th ed. [DSM-5]).* Masson.

Arija-Val, V. y Canals, J. (2022). Factores de riesgo y estrategias de prevención en los trastornos de la conducta alimentaria. *Nutrición Hospitalaria, 39*(spe2), 16-26.

Behar, R. (2010). La construcción cultural del cuerpo: el paradigma de los trastornos de la conducta alimentaria. *Revista Chilena de Neuro-Psiquiatría, 48*(4), 319-334.

Correa, M. L., Zubarew, T., y Romero, M. I. (2016). Prevalencia de riesgo de trastornos alimentarios en adolescentes mujeres. *Revista Chilena de Pediatría, 77*(2), 153-160.

Diener, E. (2005). Age and subjective well-being: An international analysis. *Annual Review of Gerontology and Geriatrics, 17*, 304-324.

Gaete, V., y López, C. (2020). Trastornos de la conducta alimentaria en adolescentes. Una mirada integral. *Revista Chilena de Pediatría, 91*(5), 784-793.

Hernández, M., López, D. R., Herrera, J. C., y Díaz, G. (2020). Trastornos de la conducta alimentaria. *Boletín Científico De La Escuela Superior Atotonilco De Tula, 7*(14), 15-21.

Maganto, C. y Cruz, M. (2008). *Test de Siluetas para Adolescentes.* TEA ediciones.

Moreno, L. (2016). *"¿A qué edad fue tu primera dieta?".* Madreselva.

Pursey, K. Burrows, T., Barker, D., Hart, M., y Paxton, S. J. (2021). Disordered eating, body imagine concerns, and weight control behaviors in primary school primary aged children. *International Journal of Eating Disorders, 54*(10), 1730-1765.

Rabadán, J. y Giménez, A. (2012) Detección e intervención en el aula de los trastornos de conducta. *Educación XX1, 15*(2), 185-212.

Samatán-Ruiz, E. M., y Ruiz-Lázaro, P. M. (2021). Trastornos de la conducta alimentaria en adolescentes durante pandemia covid-19: estudio transversal. *Revista de Psiquiatría Infanto-Juvenil, 38*(1), 40-52.

Soriano, J. (2012). *Controversias sobre los Trastornos de la Conducta alimentaria.* Fundación de Trastornos Alimentarios (FITA).

Valverde, P., Rivera, F., Pérez, R. S., Lara, L., y Moreno, C. (2016). Diferencias de género en la imagen corporal y su importancia en el control de peso. *Escritos de Psicología, 9*(1), 42-50.

# Percepción sobre la violencia y su relación con la masculinidad hegemónica en la adolescencia vizcaína

Arcos Alonso, Ander[1], Fernández de la Cuadra-Liesa, Itsaso[2]; Arcos-Alonso, Asier[3]

[1] *Consultor,* anderarcosu@gmail.com
[2] *Universidad del País Vasco/Euskal Herriko Unibertsitatea, itsaso.fernandezdelacuadra@ehu.eus*
[3] *Universidad del País Vasco/Euskal Herriko Unibertsitatea, asier.arcos@ehu.eus*

**Resumen**

La violencia es un hecho estructural en la sociedad actual, siendo la adolescencia una etapa especialmente vulnerable, que hace que sea objeto de investigación. Los estudios de género han desarrollado importantes investigaciones sobre la violencia; sin embargo, falta una mayor profundización que relacione masculinidad, violencia y adolescencia desde una perspectiva amplia. Este capítulo muestra los resultados de una investigación de corte cualitativo realizada mediante cuestionarios y grupos focales con personas adolescentes de Bizkaia. En ella se aportan datos y explicación que indican una mayor naturalización de la violencia en los hombres adolescentes, algo muy relacionado con la masculinidad hegemónica

**Palabras clave:** violencia juvenil, masculinidad, adolescencia, intervención educativa, estereotipos de género.

## Introducción

La violencia de tipo estructural, afecta a toda la ciudadanía y muy concretamente a la adolescencia, colectivo especialmente vulnerable y objeto de este capítulo. En él se recogen una parte de los resultados del estudio titulado: "Vivencias y percepciones de las personas jóvenes y adolescentes bizkaínas sobre la violencia y su relación con la masculinidad hegemónica", publicado por la ONG Nazioarteko Elkartasuna / Solidaridad Internacional y financiado por la Diputación Foral de Bizkaia. Estos resultados fueron complementados con la realización de un grupo focal cuyo objetivo fue contrastar los resultados hallados.

La adolescencia es una etapa en la que se pueden dar conductas que justifiquen la violencia y que son germen de violencia futura (Martínez Dorado et al, 2018). Diferentes estudios indican que escolares agresores entienden que la violencia es legítima para conseguir sus intereses de poder, o es una diversión, demostrando, así mismo, un nivel alto de desvinculación moral e individualismo vertical (Orozco y Mercado, 2019). También se ha observado que la dificultad de percibir la violencia como tal, es uno de los aspectos que explican la legitimidad que le dan a la misma. Como afirman Martínez Dorado et al (2018:712) "se tendría que capacitar a los adolescentes para detectar y reconocer el maltrato físico, psicológico y sexual, haciendo hincapié en el de tipo psicológico y sexual, ya que son considerados o percibidos como menos graves".

La Violencia juvenil es una realidad social, dentro de la que se encuentran diferentes tipos de violencia, como la verbal, física, sexual, de pareja y psicológica. Las consecuencias pueden ser graves, estando también asociada a mayores tasas de abandono escolar e impacto negativo en el desarrollo cognitivo y social de las personas adolescentes, especialmente hombres (OMS, 2023). En todo el mundo, 130 millones de estudiantes entre 13 y 15 años experimentan alguna forma de acoso escolar y 3 de cada 10 estudiantes de 39 países de Europa y América del Norte admitieron acosar en la escuela (Leguizamo Peñate, et al, 2020). El estudio de López Arancibia (2023) concreta que 1 de cada 3 jóvenes ha sufrido bullying y un 12% ha sufrido un nivel alto de violencia en la escuela, entre los cuales, un 56% son varones que la han sufrido a nivel regular y alta. Para Arcos y Arcos-Alonso (2022), este dato revela la existencia de un problema estructural que hace que la violencia entre chicos se encuentre normalizada por estar asociada a un modelo de masculinidad hegemónica que está siendo difícil de modificar. Datos que indican la alta prevalencia de la violencia en la vida de las personas adolescentes. Por ello, existen cada vez más estudios sobre la violencia en la adolescencia que intentan avanzar en la comprensión y superación del fenómeno. Comprensión que viene dada por la dificultad de superar una sociedad patriarcal, con efectos negativos tanto en hombres como en mujeres, pero que ha provocado que el modelo de masculinidad tradicional esté en crisis. El desarrollo de masculinidades alternativas debería estar también presente en el trabajo educativo con las personas adolescentes (Piñeyro, 2022).

Por ello, es importante el estudio de la violencia entre iguales, que tan frecuente es en la adolescencia y, en la que influyen variables individuales, familiares, escolares y grupales. A este respecto, León Moreno (2022) concluye en su estudio, que la victimización está sujeta a la variable de géncro ya que "ser chico, entre 11 y 13 años, elevada soledad emocional y motivación a la evitación" significa ser más vulnerable a la victimización. En el contexto escolar y social de las personas adolescentes, los iguales son muy importantes para el desarrollo de su propia identidad y eso hace que se adopten actitudes y comportamientos que estén validados y reconocidos por ellos y ellas. Ante ello, la violencia entre hombres adolescentes, tan naturalizada socialmente, merece una mayor profundización (Arcos y Arcos-Alonso, 2021). Una mayor aceptación en el grupo, un buen apoyo familiar y escolar conlleva menos personas adolescentes violentas (Tapullina et al, 2021).

Ahora bien, una de las formas de violencia más normalizada en la sociedad y con impacto en la vida de la adolescencia, es la violencia verbal. Es, probablemente, el tipo de violencia que se reconoce menos en la vida cotidiana y, sin embargo, es muy frecuente. Se trata de un tipo de violencia que se da habitualmente en las relaciones de pareja; y "tiene estrecha relación con la violencia psicológica y social pues afecta directamente a la autoestima e implica humillación en muchos casos ante un público, de forma que se minimiza la capacidad social y afecta a la autoconfianza" (Nieto et al, 2018:5). Aunque en este estudio se habla de una mayor prevalencia de este tipo de violencia por parte de las mujeres, también es cierto, que son éstas las que en mayor medida no aceptan ningún tipo de violencia, sea física, sexual o psicológica, mientras que los chicos son más tolerantes con algunas de ellas, sobre todo con la física. También, se observaba que los chicos perciben más la violencia que las chicas en conductas de coerción y presión sexual (amenazas, acoso...), mientras que las chicas lo hacen en conductas de violencia psicológica (manipulación emocional, indiferencia afectiva, descalificación, celos y control).

A pesar de ello, en la adolescencia se observa, cada vez más, una tendencia de rechazo hacia la violencia, especialmente entre personas adolescentes. Para Vargas y Reyes (2022) el hecho de que las nuevas generaciones tengan una visión menos estructurada y rígida de la masculinidad hegemónica facilita el avance hacia una igualdad más real, aunque para que sea posible es necesario avanzar en medidas tanto educativas, como sociales y políticas. La Estrategia Vasca contra la violencia (2022-2025) ofrece una perspectiva esperanzadora para la superación de la violencia en la edad adolescente.

## Objetivos y metodología

Los objetivos planteados fueron los siguientes:

1.  Analizar la relación entre la masculinidad hegemónica y el aprendizaje de la violencia durante la adolescencia.

2.  Comparar los diferentes juicios de valor y vivencias sobre la violencia en función del género entre las personas adolescentes.

La metodología utilizada es de corte cualitativo, a través del método de estudio de caso, tomando como casos dos centros educativos del territorio histórico de Bizkaia de diferentes características. Uno, concertado, ubicado en un barrio de densidad poblacional alta en la capital provincial (Bilbao), el segundo, público y localizado en un municipio de densidad poblacional baja. Su elección vino dada por ser contextos diferentes en cuanto a su densidad poblacional y desarrollo urbano, así como por la trayectoria que habían tenido en el trabajo educativo sobre violencia de género, de diferente intensidad. Para ello, se combinaron diferentes técnicas de investigación social.

Como técnica de tipo cuantitativo, se aplicó un cuestionario para obtener información estructurada y estandarizada de forma sencilla y con un amplio número de personas, así como poder observar tendencias y patrones en gran parte del alumnado de los centros mencionados. El cuestionario, fue revisado y contrastado por el equipo educativo de los centros educativos buscando asegurar su claridad, pertinencia y relevancia. Debido al carácter cualitativo de este estudio, no se realizó un muestreo representativo, aunque implicó gran parte del alumnado de los cursos mencionados. El muestreo fue no probabilístico, de tipo intencional, involucrando alumnado de entre 15 y 17 años; de forma voluntaria y anónima, utilizando equipos informáticos en las mismas aulas. El número de cuestionarios recogido fue de 316 (162 hombres, 147 mujeres, 4 no binarias y 3 sin definir), distribuidas entre los cursos de cuarto de la ESO (114), primero de bachillerato (84) y segundo de bachillerato (111). Las preguntas de los cuestionarios se presentaron divididas en diferentes bloques, según tipologías de violencia y respondiendo a quién, que y cómo se sufren las mismas. Las tipologías de violencia abordadas fueron la violencia psicológica[1]; la violencia emocional[2], la violencia física[3] y la

---

1.  Se trataron las agresiones verbales, formadas por bromas pesadas, humillaciones públicas e insultos, así como en la violencia que se da en pareja, que además de lo anterior incluye amenazas, la prohibición y la invalidación emocional.

2.  Centrado en la violencia psicológica que sufren más habitualmente las personas adolescentes por sus parejas, centrándose en la violencia emocional, la coerción y analizando también su relación con los celos

3.  Se abordaron los golpes y empujones, coloquialmente conocido como "pegar", expresiones de violencia física más comunes entre el colectivo participante en esta investigación.

violencia sexual[4]. La violencia de género y de pareja, no se ha incluido en este capítulo, por requerir de un abordaje específico.

La técnica de tipo cualitativo aplicada fueron grupos focales comunicativos y narrativos, formados con personas voluntarias de los centros educativos participantes, diseñados para reflejar la diversidad del colectivo y ahondar sobre las percepciones del mismo sobre la masculinidad. Se realizaron tres grupos focales, uno de género masculino, uno de género femenino y otro mixto (hombres y mujeres). Posteriormente, con los resultados obtenidos se llevó a cabo un cuarto grupo mixto para contraste de los mismos. También se consultaron fuentes secundarias como estudios e investigaciones relacionados con la violencia entre personas adolescentes, masculinidades, violencia de género, doméstica y física.

## Resultados

En relación a la violencia verbal, las mujeres adolescentes la definieron de forma más clara (80,95%), mientras que los hombres adolescentes a menudo la confunden con bromas o juegos, como se recoge en otros estudios (58,02%). Si bien el porcentaje de personas adolescentes que manifestó haberse sentido humillada y/o atacada alguna vez por otras personas es similar en ambos géneros (alrededor del 70%), los hombres manifestaron sufrirla de forma más frecuente (20,99% frente al 17,69% de mujeres).

---

4.  Se incluyeron las violencias relacionadas con rumores falsos sobre la vida sexual, acoso, coerción para mantener relaciones sexuales, besos y tocamientos no consentidos. De forma más sutil, se abordaron otro tipo de violencias de mayor gravedad sin ser especificadas, al considerarse de especial sensibilidad y que requieren de estudios más profundos y específicos.

"Vacilamos entre nosotros. Entre nosotros podemos estar a coñas y ellas creen que eso es humillar, pero lo hacemos por jugar, por pasarlo bien, es más divertido" (hombre adolescente, grupo focal).

Tanto hombres como mujeres adolescentes reconocieron agredir verbalmente con una frecuencia similar (64,81% hombres y 61,22% mujeres); sin embargo, ellos agreden principalmente a personas de su mismo género, mientras que la mayoría de mujeres no distinguía por género a la hora de agredir verbalmente a otras personas (51,02%) y sólo un 6,8% agrede a otras mujeres. Los motivos para agredir a otras personas arrojaron resultados similares, siendo los más comunes "en defensa propia" (59,88% ellos, 61,22% ellas) y "en discusiones" (29,01% ellos, 32,65% ellas). El porcentaje de personas que nunca ha agredido verbalmente es ligeramente mayor en mujeres que en hombres (35,19% frente a 38,78%), aunque muy similar. La reacción a las agresiones verbales fue similar en ambos géneros, con ligeras variaciones, siendo las más comunes no hacer nada (no defenderse, entorno al 35-39%) e insultar y humillar en respuesta (42,59% ellos y 46,92% ellas).

El porcentaje de hombres adolescentes que afirmaron no sentirse protegidos por las personas adultas frente a este tipo de agresiones fue mayor que el de las mujeres (27,78% ellos, 18,37% ellas), dato que se invierte cuando se plantea la misma situación entre sus pares (personas de su misma edad o curso). Según los resultados, el 27,78% de los hombres opinó que las personas adultas no intervendrían en caso de ser agredido (18,37% las mujeres) y el 24,68% que no lo haría el personal de su centro educativo (25,17% mujeres). Al preguntar si creen que los pares intervendrían, el 66,14% de las mujeres afirmó de forma negativa, frente al 58,64% de los hombres.

Respecto a la violencia física, los hombres manifestaron haberla ejercido (50,62%), y sufrirla (52,47%) con mayor frecuencia e intensidad que las mujeres (23,81% y 40,14%). Y, como en el caso anterior, aseguraron no sentirse protegidos por otras personas adultas en mayor proporción que las mujeres, aunque ellas se sienten menos protegidas por sus pares[5]. Un alto porcentaje de los hombres adolescentes afirmaron ejercer este tipo de violencia sólo hacia otros hombres (39,51%), mientras el porcentaje de mujeres que agredió a personas de su mismo género es muy reducido (4,08%).

> "La base de lo que puedes hacer si te pega una mujer es apartarte. Porque tienes superioridad física y eso a la larga va en tu contra" (hombre adolescente, grupo focal).

La razón más común fue la defensa propia (48,15% ellos, 14,29% ellas). Asimismo, el porcentaje de hombres que ha sido agredido por personas del mismo género fue del 41,98% (el 7,41% fue agredido por mujeres), mientras que el de mujeres fue del 17,01% (mismo porcentaje que de mujeres agredidas por hombres). Sin embargo, los resultados contrastan con la percepción de inseguridad en las calles, donde sólo el 29,63% de los hombres manifestaron sentir miedo al caminar solos por la calle, frente al 87,07% de las mujeres. Las principales reacciones frente a estas agresiones fueron "responder de la misma manera" (49,38% ellos, 21,09% ellas), buscar ayuda en personas adultas (12,35% ellos, 17,01% ellas) y huir (17,28% ellos, 4,76% ellas).

> "Si, porque un hombre de ese tipo siempre tiene que estar dispuesto a pelear, a demostrar su fuerza, su superioridad" (Hombre adolescente, grupo focal).

Al abordar la violencia sexual, un mayor porcentaje de mujeres afirmó haber sufrido tocamientos y situaciones de acoso (21,09% ellas y 13,58% ellos), así como haber sido besada sin su consentimiento (19,05% ellas y 12,96% ellos). Aquí sorprende que ninguna mujer afirmó haber sido besada únicamente por chicos, mientras que la mayoría de chicos afirmó haber sido besado únicamente por chicas (10,49% del 12,96% total). No se abordaron en detalle violencias sexuales que constituyen de-

---

5. El 14,2% de los hombres opina que las personas adultas no intervendrían en caso de ser agredidos físicamente, frente al 11,56% de las mujeres; el 17,28% piensa que no lo haría el personal de su centro educativo, frente al 13,61% de las mujeres; y el 38,27% de ellos opina que sus pares no lo harían, frente al 42,18% de ellas.

litos de mayor gravedad, debido a las limitaciones de este estudio[6], pero ellas afirmaron haber sufrido en mayor porcentaje otros tipos de violencia sexual no descrita en el mismo (8,84% ellas frente a 4,32% ellos)[7].

Tanto ellos como ellas son presionados por otras personas en proporciones similares para mantener relaciones sexuales (9,88% ellos y 10,88% ellas). Ellas lo han sido principalmente por sus parejas (12,24%), y en el caso de ellos, se distribuye homogéneamente entorno al 3% entre profesorado, amistades, personas del entorno cercano y personas desconocidas. Llama la atención cómo el porcentaje de hombres que ha sido presionado o chantajeado por algún profesor o profesora es mucho mayor que el de mujeres (2,47% frente a 0,68%).

> "Lo que los chicos buscan es más una relación sexual, y si no quieres hacer algo, eres una sosa (...) Yo creo que, si una persona no quiere tener relaciones sexuales, no quiere y punto" (mujer adolescente, grupo focal).

Si bien las mujeres adolescentes manifestaron que frente a situaciones sexualmente agresivas buscan ayuda en terceras personas (17%), en mayor proporción que ellos (9,26%), éstos reaccionan con mayor frecuencia "huyendo" (11,73% ellos, 8,84% ellas). También fue mayor el porcentaje de mujeres que se defiende (8,16% frente a 6,17% de hombres), lo que plantea nuevos interrogantes. Levemente mayor fue el porcentaje de mujeres que afirmó haber sido víctima de rumores falsos sobre su vida sexual (17,01% ellas, 13,58% ellos).

Finalmente, en cuanto a las presiones sociales que ellos y ellas sienten para mantener relaciones sexuales, ellas afirmaron sentirlas en mayor proporción (20,41% frente a 14,2%); y específicamente presiones para perder la virginidad (20,41% ellas, 14,2% ellos), lo cual muestra una sexualización más temprana para las mujeres.

---

6.  La pregunta incluida fue "¿Has sufrido alguna vez otro tipo de agresión sexual no descrita en este cuestionario?".

7.

## Conclusiones

En el estudio se observa que existe diferencia en la percepción sobre la violencia entre las personas adolescentes en función de su género, aunque dichas diferencias dependen en mayor o menor medida del tipo de violencia analizado. También se concluye que algunos estereotipos de género asociados tanto a la masculinidad, como la feminidad, no se reflejan en este colectivo.

Los hombres adolescentes tienen mayor relación con la violencia física, tanto siendo agredidos como siendo agresores. El estereotipo masculino del "hombre protector" fue recurrente entre las narrativas identificadas, siendo mencionados varios casos en los que los hombres adolescentes ejercían violencia física para proteger a sus amigas y novias. Del mismo modo, se identificaron narrativas relacionados con el estereotipo de "hombre honorable", donde los hombres adolescentes deben estar preparados para ejercer violencia física cuando sea -o lo consideren- necesario, sin estar clara la proporcionalidad. Ello coincide con otros estudios, en el hecho de que el aprendizaje de la violencia está directamente ligado a la construcción de la masculinidad hegemónica, basada en estos y otros estereotipos. Así como, que la violencia física está más normalizada entre los hombres que las mujeres adolescentes, pues consideraron normal y lícito ejercer violencia física como respuesta a agresiones tanto físicas como verbales.

La baja percepción de los hombres adolescentes sobre el papel de las personas adultas como protectoras podría relacionarse con una mayor protección y sensibilización social hacia la violencia ejercida contra las mujeres, tal y como describieron en los grupos focales. Esto conecta con el imaginario social del "hombre fuerte, independiente y valeroso", validado en los grupos focales y otros estudios sobre la materia. Aquí, llama la atención que un mayor porcentaje de mujeres sienten que sus iguales -personas de la misma edad- no intervendrían en caso de ser agredidas, lo cual contradice el estereotipo de mujer sujeto de protección.

El estereotipo masculino del "hombre siempre dispuesto sexualmente" también tiene implicaciones en la forma en la que estos enfrentan la violencia sexual. Los datos indican que cuando el hombre adolescente es víctima de este tipo de violencias, opta por huir o no reaccionar, lo cual, según comentaron en los grupos focales, se puede deber a que denunciarlo podría provocar burlas e incredulidad. Los resultados también indican que hombres y mujeres adolescentes sufren coerción en proporciones similares para mantener relaciones sexuales, algo que no suele reflejarse en las acciones coeducativas que abordan la violencia de género con este colectivo, normalmente dirigidas a mujeres. Aquí, las personas que ejercen esta coerción hacia las mujeres son principalmente sus parejas, pero sorprende que, en el caso de los hombres, el perfil de personas victimarias es muy heterogéneo.

Contradiciendo estereotipos e imaginarios sociales sobre el género masculino (el hombre controlador y celoso), solo un pequeño porcentaje de ellos afirmó tanto sentir celos como haberlos sufrido. Sin embargo, las mujeres afirmaron ser objeto de situaciones de control en mayor medida que los hombres, lo cual enlaza con la violencia de género y otros estudios sobre la materia.

Es importante trabajar por profundizar en la violencia sobre los hombres adolescentes, puesto que se observa una mayor percepción de la violencia hacia las mujeres, cuando los datos indican que los hombres adolescentes la sufren de forma habitual. Lo que también se recoge en este estudio, es que las mujeres adolescentes son más severas en la valoración de las situaciones de violencia -especialmente la verbal-, mientras que ellos admiten más conductas violentas como normales. Ello podría deberse al trabajo coeducativo, en el que se aborda la violencia de género, pero no tanto otros tipos de violencia, especialmente, entre hombres.

Además, la violencia que sufren y ejercen los hombres adolescentes, así como sus percepciones y reacciones frente a ella, se relaciona con varios de los estereotipos masculinos tradicionales. Estereotipos con el de la "virilidad masculina", el "silencio emocional", o la idea del "hombre como agresor" podrían estar ocultando situaciones de abuso en las que ellos también pueden ser víctimas. Otros estereotipos como el "hombre protector" también influyen, especialmente en la violencia física, lo cual se evidencia en el número de hombres adolescentes que aseguraron haber sido víctima. En conclusión, se ve necesario aplicar investigación con enfoque de género sobre el género masculino en la adolescencia, no sólo desde su papel como género opresor, sino también desde las violencias que les pueden afectar, ya sean ejercidas por otros hombres, como por otras mujeres. Asimismo, el trabajo coeducativo debería integrar mejor esta perspectiva, relacionando los diversos estereotipos de género con violencias que afectan tanto a ellas, como a ellos.

## Referencias bibliográficas

Arcos Alonso, Ander. (2021). *Análisis crítico de la masculinidad hegemónica y formas alternativas e igualitarias de la misma entre la población adolescente en el territorio de Bizkaia.* SOLIDARIDAD INTERNACIONAL /NAZIOARTE-KO ELKARTASUNA. https://www.solidaridadsi.org/es/que-hacemos/analisis-critico-de-la-masculinidad-hegemonica-y-formas-alternativas-e-igualitarias-de-la-misma-entre-la-poblacion-adolescente-e

Arcos Alonso, Ander y Arcos-Alonso, Asier (2022). La violencia entre hombres adolescentes y la masculinidad hegemónica. En Idoiaga, N., Legorburu, I.,-Dosil, M., Kerexeta, I y Darretxe, L (coord.). *Retos de la inclusión social y educativa desde la investigación feminista.* Grao.

Departamento de Igualdad, Justicia y Políticas Sociales. *Estrategia vasca contra la violencia hacia la infancia y adolescencia 2022-2025 = Haurren eta nerabeen kontrako indarkeriari aurre egiteko euskal estrategia 2022-2025.* Gobierno Vasco-Eusko Jaurlaritza, Vitoria-Gasteiz, 2022, https://ikusmirak.eus/es/publicaciones/estrategia-vasca-contra-la-violencia-hacia-la-infancia-y-adolescencia-2022-2025-haurren-eta-nerabeen-kontrako-indarkeria-ri-aurre-egiteko-euskal-estrategia-2022-2025/me-0-574112/

Leguízamo, D.G., Ramírez, L.E., Montero, M., Daza, M.T., Andrade, J.A. (2020). Apreciaciones psicosociales acerca de la violencia en la adolescencia. *Tempus Psicológico* 3(1), 103-131. https://doi.org/ doi: 10.30554/tempuspsi.3.1.3114.2020

León Moreno, C. (2022). *La violencia y la victimización entre iguales: el rol del perdón y la venganza.* Colección Tesis Doctorales. Universidad de Olavide.

López Arancibia, L. (2023). Violencia escolar: un estudio en adolescentes. *Journal o Neuroscience and Public Healt...* 3 (3), 419-428. Https://doi.org/10.46363/jnph.v3i3.3

Martínez Dorado, A, García Dauder, S., Velasco Furlón, L (2018). Análisis de situaciones y perfiles de riesgo respecto al sexismo y la violencia de género en los adolescentes españoles *Electronic journal of research in educational psychology,* 16(46), 703-715

Montilla, C. Romero, A., Martín, M y Pazos, G. (2017), Actitudes de los adolescentes acerca de la violencia de pareja de jóvenes. *Revista de Orientación Educacional,* 31(59), 53-72

NAZIOARTEKO ELKARTASUNA/SOLIDARIDAD INTERNACIONAL (2023). *Percepción de las personas adolescentes sobre la violência y la masculinidad hegemónica en Bizkaia.* https://solidaridadsi.org/es/blog/1

Nieto. B., Portela.J., y Domínguez, V. (2018). Violencia verbal en el alumnado de Educación Secundaria Obligatoria. *European Journal Investigation in Health, Psichology and Education,* 8 (1), 5-14.. Doi. 10.30552/ejihpe.v8il.221

ORGANIZACIÓN MUNDIAL DE LA SALUD (OMS, 2023). *Violencia Juvenil.* https://www.who.int/es/news-room/fact-sheets/detail/youth-violence

Orozco Vargas, A.E., y Mercado Moyardin, M.R. (2019). Actitudes hacia la violência y creencias culturales en adolescentes involucrados em la violência escolar. *Anuario de Psicología.* 49 (2), 94-103.

Piñeyro, C. (2022). Desmontando la masculinidad hegemónica. *Anthropologica,* 40 (49), 85-110.

SAVE THE CHILDREN (2019). *Violencia Viral. Análisis de la violencia contra la Infancia y la adolescencia en entorno digital.* https:// observatoriodelainfancia.mdsocialesa2030.gob.es/estadísticas/estudios/home.htm.

Vargas Mejía, A. C., & Reyes Parra, M. D. (2022). Percepción y tendencias de inclinación sobre la masculinidad hegemónica y masculinidad alternativa en un grupo de hombres y mujeres de tres generaciones diferentes. En I. M. Camargo Escobar (Ed.), *Investigación en psicología educativa. Ejercicios de investigación, aportes a la formación de psicólogos educativos* (pp. 79-97) Editorial Universidad Católica de Colombia. https://doi.org/10.14718/97862 87554160.2022.4

# Parte 4: Adolescentes, Medios y Nuevas Tendencias

# Consumo de pornografía online en adolescentes de la CAPV (Álava): frecuencia y hábitos de consumo

Llano Abasolo, Uxue[1]; Jaureguizar Alboniga-Mayor, Joana[2]; Biota Piñeiro, Itsaso[3]; Becerril Atxikallende, Irati[4]
[1]*Facultad de Educación de Bilbao. UPV/EHU, uxue.llano@ehu.eus*
[2] *Facultad de Educación de Bilbao UPV/EHU, joana.jauregizar@ehu.eus*
[3] *Facultad de Educación y Deporte UPV/EHU, itsaso.biota@ehu.eus*
[4] *Facultad de Educación de Bilbao UPV/EHU, irati.becerril@ehu.eus*

## Resumen

En las últimas décadas, el fácil acceso a Internet y nuevas tecnologías ha aumentado la producción y consumo de pornografía online, caracterizada por satisfacer deseos masculinos y representar escenas de violencia explícita como golpes y humillación. Este contenido puede influir en la percepción y experiencia de la sexualidad, especialmente entre menores que acceden a él sin suficiente madurez y conocimientos sobre afectividad y sexualidad. Por ello, esta investigación tiene como objetivo explorar el consumo de pornografía online entre adolescentes de la provincia de Álava, en la Comunidad Autónoma del País Vasco. La investigación engloba una muestra de 249 estudiantes de tercero de Educación Secundaria Obligatoria y primero de Bachillerato, a los cuales se les administró una escala *ad hoc* para evaluar la frecuencia y los hábitos de consumo de pornografía online. Los resultados revelan que más de la mitad de la muestra afirmó haber consumido pornografía alguna vez, con una prevalencia mayor en chicos que en chicas. De igual manera, la relación hallada entre el consumo de pornografía y la educación afectivo sexual recibida, invita a reflexionar sobre la calidad de la misma, alertando así la necesidad de diseñar programas de formación e intervención en edades tempranas para sensibilizar y fomentar una educación afectivo sexual adecuada.

**Palabras clave:** pornografía; online; adolescencia; educación afectivo-sexual; impacto psicológico.

## Introducción

El incremento del uso de Internet y la accesibilidad a las nuevas tecnologías ha provocado un crecimiento exponencial en la producción y consumo de la pornografía online (Tarrant, 2016). La pornografía se ha modificado sustancialmente, las formas de distribución de este material son amplias y diversas, lo que hace que algunos autores diferencien dos tipos de pornografía (Sedano Colom et al., 2023). Ballester et al. (2023) y Kor et al. (2014) realizan una diferenciación entre la pornografía convencional y la nueva pornografía u online. La nueva pornografía, objeto de análisis en la presente investigación, se distingue por su asequibilidad, accesibilidad y anonimato. Los materiales disponibles en las páginas web de distribución de pornografía online se caracterizan por mostrar imágenes cargadas de violencia, cosificación y tratamiento denigrante hacia las mujeres o quienes no ocupan posiciones de poder en la relación (Biota et al., 2022; Villena et al., 2024).

Con relación al consumo, las diferencias según el sexo son evidentes (Merlyn et al., 2021). Estudios apuntan una prevalencia alta, especialmente en hombres en comparación con las mujeres (Ballester-Arnal et al., 2021; Save the Children, 2020). Según los citados estudios, la edad parece ser una variable relevante a la hora de modular diferentes aspectos del consumo de pornografía. Una investigación llevada a cabo por Ballester y Orte (2019) con una muestra de 2.457 adolescentes revela que la edad mínima para el primer contacto con la pornografía es de ocho años. Este dato es respaldado por otras investigaciones recientes que indican que la edad promedio del primer acceso es de alrededor de diez años (Biota et al., 2022). Mitchell et al. (2007) indican que la búsqueda de contenido pornográfico puede ser intencional, mediante búsquedas activas, o no intencional, a través de ventanas emergentes o anuncios.

La pornografía online prevalece en el mercado actual y, además de fomentar estereotipos de género, incluye escenas donde la falta de consentimiento entre parejas es evidente (Canet y Martínez, 2023; De Los Ángeles y Fernanda, 2022). Los vídeos presentan a la mujer como un ser completamente sexualizado (Aránguez, 2021), lo que varios estudios han determinado que puede tener consecuencias negativas a nivel personal, social y familiar (Kohut et al., 2017; Wright et al., 2015). Peter y Valkenburg (2016) señalan que el consumo regular de pornografía modifica las actitudes sexuales del alumnado, precursores de su futura conducta en sus relaciones. Otros estudios internacionales también concluyen que cuanto más temprano se inicia la exposición a la pornografía, mayor es su impacto en el comportamiento, la autoestima y los hábitos sexuales en la adultez (Attwood et al., 2018).

Frente a esta problemática, se considera esencial implementar intervenciones de alfabetización sobre la pornografía para reducir las consecuencias negativas asociadas al consumo (Lameiras-Fernández et al., 2024). La falta de formación acerca de la sexualidad en el actual sistema educativo (Martínez-Román et al., 2021), ha provocado que, en ocasiones, la nueva pornografía online se convierta en la principal fuente de información incluso antes de tener sus primeras relaciones sexuales (Alario, 2020). Las intervenciones con el alumnado pueden fomentar el aprendizaje y las competencias necesarias para abordar de forma segura las experiencias sexuales, prevenir riesgos asociados y fortalecer distintas áreas de la salud, como la emocional, cognitiva y relacional (Torres-Cortés et al., 2023).

## Objetivos e hipótesis

El objetivo de la investigación es explorar el consumo de pornografía online entre el alumnado adolescente de la Comunidad Autónoma de País Vasco, concretamente de la provincia de Álava, con el fin de llegar en un futuro cercano a propuestas de prevención e intervención en el ámbito educativo. Así, los objetivos específicos del estudio son los siguientes: (1) Analizar la prevalencia del consumo online de pornografía entre el alumnado adolescente explorando las diferencias en función del sexo y la edad; (2) Relacionar la educación afectivo-sexual recibida con el consumo de pornografía. Considerando los objetivos, se han diseñado las siguientes hipótesis: (1.1) Aproximadamente el 50% de las personas participantes afirman haber accedido a contenido pornográfico online; (1.2) La prevalencia de consumo online de pornografía es mayor entre chicos que entre chicas; (1.3) Se da un mayor consumo online de pornografía a mayor edad de las personas participantes, si bien la edad del primer acceso a este tipo de materiales se sitúa en torno a los 9-10 años; (2.1) Las personas participantes que han recibido una formación educación afectivo-sexual consumen en menor medida pornografía online que aquellas que no la han recibido.

## Metodología

### Diseño

Se trata de un tipo de investigación no experimental que contempla la estrategia descriptiva, definiendo, clasificando y categorizando el objeto de estudio (diseño descriptivo).

### Participantes

El estudio se ha realizado con una muestra total de 249 estudiantes de la provincia de Álava. La muestra está compuesta por 45.4% (n = 113) hombres, 53% (n = 132) mujeres y 1.6% (n = 4) de sexo no binario. Al mismo tiempo, el 58.6% (n = 146) del alumnado es del tercer curso de ESO y el 41.4% (n = 103) de primero de Bachillerato, con edades que van desde los 14 hasta los 18 años ($M = 15,23$; $DT = 1.01$). El 96.4% (n = 240) de la muestra tienen nacionalidad española, mientras que el 3.6% (n = 9) tienen diversas nacionalidades.

## Variables e instrumentos de medida

Para el estudio se utilizaron tres cuestionarios de evaluación. El primero fue un cuestionario *ad hoc* diseñado para obtener información sobre los datos socio-demográficos, como sexo, edad, provincia de residencia y nivel educativo. El segundo cuestionario, también *ad hoc*, se centró en la educación afectivo-sexual, abordando aspectos como el lugar, la duración y el nivel de satisfacción, entre otros. Finalmente, basado en el cuestionario de Ballester et al. (2019) utilizado con adolescentes y jóvenes, se elaboró un cuestionario para recolectar datos sobre el consumo de pornografía online (frecuencia y hábitos de consumo).

## Procedimiento

El proceso de reclutamiento del fue incidental. Tras seleccionar los centros educativos, el equipo de investigación contactó con los mismos a través de correo electrónico, facilitándoles posteriormente la autorización a la realización de proyecto de investigación y el documento de consentimiento informado para las familias. En un plazo de dos semanas, fue el profesorado tutor quien se encargó de recolectar los documentos correspondientes. Una vez en el centro educativo, tras obtener los permisos necesarios y proporcionar la información relevante sobre la investigación a cada grupo o aula, el alumnado procedió a completar el cuestionario de forma anónima en el ordenador. En los casos en que el alumnado no contaba con el consentimiento o decidió no participar, se les proporcionó un cuestionario de carácter lúdico, el cual mantenía la misma estructura y duración que el cuestionario original. La presente investigación ha recibido la aprobación del Comité de Ética de la Universidad del País Vasco (M10_2024_064).

## Análisis de datos

Para llevar a cabo los análisis estadísticos se utilizó el programa IBM SPSS en su versión 28 (Armonk, NW, EE. UU). Se realizó un análisis descriptivo de las variables, utilizando frecuencias y porcentajes para las variables categóricas, y media y desviación típica para las variables cuantitativas. Para analizar la relación entre las variables nominales, se empleó la prueba de chi-cuadrado.

## Resultados

Del total de la muestra estudiada, el 50.6% (n = 126) afirmó haber consumido pornografía alguna vez, siendo el 69.8% (n = 88) chicos, el 29.6% (n = 37) chicas y el 0.8% (n = 1) de sexo no binario. Por lo que se han hallado diferencias estadísticamente significativas en el consumo de pornografía online respecto al sexo [$X^2(2)$ = 61.582, $p$ = <.001]. También se han hallado diferencias estadísticamente significativas en el consumo de pornografía online en función del curso escolar [$X^2$ (1) = 9.348, $p$ = .002]. Así entre el alumnado de primero de Bachillerato el 62.1% (n = 64) señaló haber consumido pornografía online en alguna ocasión, mientras que este porcentaje fue del 42.5% (n = 62) entre el alumnado de tercero de ESO. Se preguntó a las personas participantes sobre la edad a la que vieron pornografía por primera vez, obteniéndose una media de 11.86 años ($DT$ = 1.93) y un rango de 7 a 16 años. También se les consultó sobre la edad a la que comenzaron a ver pornografía de forma habitual, resultando en una media de 13.26 años ($DT$ = 1.31) y un rango de 10 a 16 años.

Además del consumo, se preguntó al alumnado si habían recibido formación afectivo-sexual, respondiendo de forma afirmativa un 68.7% (n = 171) de la muestra. Respecto a la duración de la formación recibida, la opción más señalada fue tres sesiones (29.8%, n = 51). No obstante, un 22.8% (n = 39) indicó una sesión, un 22.2% (n = 38) dos sesiones y finalmente, un 25.1% (n = 43) cuatro o más sesiones. Con relación al lugar de la formación, la opción más señalada fue secundaria ( 64.3%, n = 110). Finalmente, entre el alumnado que ha consumido pornografía en alguna ocasión, el 73.8% (n = 93) ha recibido educación afectivo-sexual.

## Discusión y conclusiones

La evidencia científica ha demostrado que la pornografía online tiene un gran potencial perjudicial a nivel personal, familiar, social, cultural, psicológico, ético y educativo. En las siguientes líneas se analizarán los resultados de la investigación, considerando tanto las hipótesis planteadas como los hallazgos de investigaciones previas. En primer lugar, alrededor de la mitad de la muestra estudiada ha consumido pornografía online en alguna ocasión, lo que respalda la primera hipótesis del primer objetivo específico. Este resultado está en línea con investigaciones previas (Ballester-Arnal et al., 2023). La evidencia científica ha demostrado que el consumo de pornografía tiene un impacto negativo en la salud y bienestar de adolescentes y jóvenes (Lameiras-Fernández et al., 2024), puesto que incluye escenas de sometimiento y violencia sexual, entre otras (Gil-Juliá et al., 2018).

Dicha hipótesis está estrechamente relacionada con la segunda, la cual también ha sido corroborada. Se ha hallado una mayor prevalencia de consumo de pornografía online entre chicos que entre chicas. Estos resultados son coherentes con otras investigaciones que indican un mayor consumo y dependencia de los chicos respecto al contenido pornográfico online (Andrie et al., 2021; Save The Children, 2020). Villena (2023) detalla que esta diferencia puede atribuirse a que la pornografía está orientada, principalmente, hacia los intereses de los chicos. Respecto a la edad de consumo de pornografía, se observa que el consumo de pornografía aumenta con la edad, siendo más alto entre el alumnado de primero de bachillerato que entre los de tercero de ESO. Aunque se esperaba que el primer acceso ocurriera alrededor de los 9 años, la media fue de 11.87 años, con un rango de 7 a 16 años, confirmando parcialmente la hipótesis. Estos hallazgos son respaldados por Ballester et al. (2019). La hipersexualización plantea constantemente el desafío de la exposición a la pornografía en edades tempranas (Alario, 2020). La aparición de pornografía sin búsqueda previa es particularmente preocupante, especialmente en el contexto de la normalización del acceso a Internet en alumnado de entre 7 y 8 años (Ballester et al., 2023), lo que subraya la necesidad de medidas urgentes para proteger a los menores en los medios digitales.

Es fundamental proporcionar información y formación acorde a la edad para reducir y prevenir el consumo de pornografía online (Villena, 2023). Por ello, además del consumo de pornografía online, se ha indagado acerca de la educación afectivo-sexual recibida. Entre el alumnado que ha consumido pornografía en alguna ocasión, más de la mitad ha recibido educación afectivo-sexual, lo que implica que no se confirma la hipótesis del segundo objetivo específico. Estos hallazgos subrayan la importancia de considerar la calidad y la extensión de la educación afectivo-sexual recibida, ya que dicha formación no debe limitarse a una charla (Ballester et al., 2020).

En resumen, los resultados destacan que el consumo de pornografía online es alto entre adolescentes de Álava. Por consiguiente, es esencial brindar información y formación (Villena, 2023). García-Vázquez et al. (2024) concluyeron que la educación sexual en España no es uniforme ni efectiva. En el contexto de la CAPV, Save The Children (2020) destaca que, existen programas considerados buenas prácticas, pero su alcance no es uniforme entre los jóvenes debido a que no son obligatorios. Crabbe y Flood (2021) afirman que la educación sobre pornografía debe fomentar una mirada crítica para reducir sus efectos negativos y promover relaciones sexuales seguras, respetuosas, placenteras y consensuadas.

Antes de finalizar, cabe mencionar que la presente investigación no está exenta de limitaciones. El reducido tamaño de la muestra compromete la generalización de los resultados, la investigación se centra en la provincia de Álava, y la selección de la muestra no fue aleatoria, lo que impacta en su representatividad. No obstante, se contempla realizar investigaciones futuras con una muestra más amplia tanto con adolescentes como jóvenes de toda la CAPV. También se propone investigar más a fondo variables predictoras como la empatía, dado que el consumo puede llevar a una desconexión empática (Ballester et al., 2021; Efrati y Amichai-Hamburger, 2020).

# Referencias bibliográficas

Alario, M. (2020). *La reproducción de la violencia sexual en sociedades patriarcales formalmente igualitarias en la actualidad* [Tesis doctoral, Universidad Rey Juan Carlos]. https://violenciagenero.igualdad.gob.es/violenciaEnCifras/estudios/Tesis/pdfs/Tesis_n_10_-_Tomo_II_-_v5.pdf

Andrie, E.K., Sakou, I.I., Tzavela, E.C., Richardson, C., y Tsitsika, A.K. (2021). Adolescents' online pornography exposure and its relationship to sociodemographic and psychopathological correlates: a cross-sectional study in six European countries. *Children, 8*(19), 1-16. https://doi.org/10.3390/children8100925

Aránguez, T. (2021). Vivir a través de una pantalla. Pornografía y alienación en la sociedad digital. En T. Aránguez y O. Olariu (Coord.), *Feminismo digital. Violencia contra las mujeres y brecha sexista en internet* (pp. 599-619). Dykinson.

Attwood, F., Smith, C., y Barker, M. (2018). "I'm just curious and still exploring myself": Young people and pornography. *New Media and Society, 20*(10), 3738-3759.

Ballester-Anral, R., Castro-Calvo, J., García-Barba, M., Ruiz-Palomino, E., y Gil-Llario, M.D. (2021). Problematic and non-problematic engagement in online sexual activities across the lifespan. *Computers in Human Behavior, 120*, 2-12. https://doi.org/10.1016/j.chb.2021.106774

Ballester, L., Orte, C., y Pozo, R. (2019). Nueva pornografía y cambios en las relaciones interpersonales de adolescentes y jóvenes. En C. Orte., L. Ballester y R. Pozo (Coords.), *Vulnerabilidad y resistencia: Experiencias investigadoras en comercio sexual y prostitución* (pp. 249-284). Octaedro.

Ballester, L., Rosón, C., y Facal, T. (2020). *Pornografía y educación afectivosexual.* Octaedro.

Biota, I., Dosil-Santamaria, M., Mondragon, N. I., y Ozamiz-Etxebarria, N. (2022). Analyzing University Students' Perceptions Regarding Mainstream Pornography and Its Link to SDG5. *International Journal of Environmental Research and Public Health, 19*(13), 8055.

Ballester, L. y Orte, C. (2019). *Nueva pornografía y cambios en las relaciones interpersonales.* Ediciones Octaedro.

Canet, E., y Martínez, L. (2023). El consumo de pornografía en el alumnado universitario. *Human Review, 19*(1), 2-15.

Crabbe, M. y Flood, M. (2021). School-based education to address pornography's influence on young people: a proposed practice framework. *American Journal of Sexuality Education, 16*(1), 1-37.

De los Ángeles, M., y Fernanda, A. (2022). Mercados nocivos: el caso del mercado sexual de la pornografía. Reflexiones a partir de la teoría de Debra Satz. *Isonomía, 57*, 1-33.

Efrati, Y., y Amichai-Hamburger, Y. (2020). Are adolescents who consume pornography different from those who engaged in online sexual activities?. *Children and Youth Services Review, 111*, 104843.

García-Vázquez, J., Ruiz-Azcona, L., Pellico-López, A. y Paz-Zulueta, M. (2024). Characteristics of emotional and sexuality education programs in the Spanish school population. *Heliyon, 10*(20), 1-8.

Gil-Juliá, B., Castro-Calvo, J., Ruiz-Palomino, E., García-Barba, M. y Ballester-Arnal, R. (2018). Consecuencias de la exposición involuntaria a material sexual en adolescentes. *International Journal of Developmental and Educational Psychology, 2*(1), 33-44.

Kohut, T., Fisher, W. A., y Campbell, L. (2017). Perceived effects of pornography on the couple relationship: Initial findings of open-ended, participant-informed,"bottom-up" research. *Archives of Sexual Behavior, 46*(2), 585-602.

Kor, A., Zilcha-Mano, S., Fogel, Y.A., Mikulincer, M., Reid, R.C., y Potenza, M.N. (2014). Psychometric development of the problematic pornography use scale. *Addictive Behaviors, 39*(5), 861-868.

Lameiras-Fernández, M., Martínez Román, R., y Rodríguez Castro, Y. (2024). La pornificación de la cultura: la educación sexual y la alfabetización en pornografía. En L. Ballester y S. Sedano (Coords.). *La industria pornográfica en internet. Características y consecuencias* (pp. 77-100). Octaedro.

Martínez Román, R., Rodríguez Castro, Y. y Adá-Lameiras, A. (2021). La era digital y la educación sexual en adolescentes. En T. Arángurez y O. Olariu (Coords.), *Feminismo digital: violencia contra las mujeres y brecha sexista en Internet* (pp. 535-551). Dykinson.

Merlyn, M., Jayo, L., Ortiz, D., y Moreta-Herrera, R. (2020). Consumo de pornografía y su impacto en actitudes y conductas en estudiantes universitarios ecuatorianos. *Psicodebate, 20*(2), 59-76.

Mitchell, K. J., Finkelhor, D., y Wolak, J. (2007). Youth Internet users at risk for the most serious online sexual solicitations. *American journal of preventive medicine, 32*(6), 532–537.

Peter, J., y Valkenburg, P.M. (2016). Adolescents and pornography: A review of 20 years of research. *The Journal of Sex Research, 53*(4-5), 509-531. https://doi.org/10.1080/00224499.2016.1143441

Save the Children. (2020). *(Des)Información Sexual: Pornografía y Adolescencia* [*Sexual Misinformation: Pornography and Adolescence*]. https://www.savethechildren.es/sites/default/files/2020-09/Informe_Desinformacion_sexual-Pornografia_y_adolescencia.pdf

Sedano Colom, S., Lorente de Sanz, J., Ballester Brage, L., y Aznar-Martinez, B. (2023). Acceso, consumo y consecuencias del consumo de pornografía entre adolescentes: nuevos retos para la educación afectivo-sexual. *Journal of Research in Social Pedagogy,* (44), 161-175.

Tarrant, S. (2016). *The pornography industry: What everyone needs to know.* Oxford University Press.

Torres-Cortés, B., Loreto Leiva, K. C., Olhaberry, M. y Méndez, E. (2023). Shared Components of Worldwide Successful Sexuality Education Interventions for Adolescents: A Systematic Review of Randomized Trials. *International Journal of Environmental Research and Public Health, 20,* 4170. https://doi.org/10.3390/ijerph20054170

Villena Moya, A. (2023). *¿Por qué no? Cómo prevenir y ayudar en la adicción a la pornografía.* Alienta.

Villena, A., Ballester, L., Dosil-Santamaria, M., y Gutiérrez, A. (2024). Pornography consumption as a form of exploitation and digital prostitution of women and girls: a human rights issue. *Un Chronicle,* 1-8.

Wright, P.J., Tokunaga, R.S., y Kraus, A. (2015). A Meta-Analysis of Pornography Consumption and Actual Acts of Sexual Aggression in General Population Studies. *Journal of Communication, 66*(1), 183-205. https://doi.org/10.1111/jcom.12201

# Las voces antifeministas del alumnado universitario: un nuevo contexto que explorar

Idoiaga Mondragon, Nahia[1]; Legorburu Fernandez, Idoia[2]; Alonso Sáez, Israel[3]; Picaza Gorrotxategi, Maitane[4]

[1] *Universidad del País Vasco, UPV/EHU*, nahia.idoiaga@ehu.eus
[2] *Universidad del País Vasco, UPV/EHU*, idoia.legorburu@ehu.eus
[3] *Universidad del País Vasco, UPV/EHU*, israel.alonso@ehu.eus
[4] *Universidad del País Vasco, UPV/EHU*, maitane.picaza@ehu.eus

## Resumen

Esta investigación explora las percepciones antifeministas entre estudiantes de la UPV/EHU en educación, con el objetivo de mejorar la educación en igualdad de género y desarrollar estrategias formativas efectivas. El estudio, sin hipótesis previas, recogió datos cualitativos y cuantitativos de 252 estudiantes a través de cuestionarios online aprobados éticamente. Los resultados, analizados con Iramuteq, revelan cinco ideas antifeministas predominantes: el feminismo busca la superioridad femenina, las mujeres reciben „discriminación positiva", tienen más derechos legales, deberían encargarse de las tareas del hogar y provocan a los hombres con su vestimenta. Aunque los jóvenes tienden a rechazar estas ideas, algunas persisten en sus círculos, subrayando la necesidad de abordar estos temas en la educación.

**Palabras clave:** antifeminismo; educación superior; género; educación.

## Introducción

El feminismo se ha consolidado como uno de los movimientos sociales más relevantes en las sociedades industrializadas recientes. Impulsado por fenómenos globales como el movimiento #MeToo, escándalos de violencia de género en los medios, reformas legislativas y diversas movilizaciones sociales, este movimiento ha cobrado una importancia significativa. La participación activa de las nuevas generaciones y la visibilidad de figuras públicas han potenciado este movimiento, aumentando la conciencia y demanda por la igualdad de género en el país (Callejón, 2019). Sin embargo, también ha suscitado un intenso debate dentro de la sociedad (Delmar, 2018; Loke et al., 2017). Las nuevas generaciones se están formando en un entorno de constante conflicto entre feminismo, antifeminismo y posfeminismo, lo que hace que la autoidentificación como feminista implique un proceso de negociación tanto intelectual como emocional (Adams et al., 2007).

Entender cómo las nuevas generaciones perciben el feminismo y estudiar su identificación con este puede proporcionar ideas valiosas para desarrollar pedagogías feministas que promuevan la igualdad entre los jóvenes (Jackson, 2018). Las investigaciones indican que las percepciones positivas del feminismo reflejan una comprensión de la relación entre los objetivos feministas, la justicia, la justicia social y la igualdad, lo cual exploraremos más adelante (Aronson, 2003; Ramsey et al., 2007).

En este marco, examinar las opiniones de los jóvenes, ya sean hombres, mujeres o personas no binarias, sobre el feminismo y su identificación con él puede enriquecer nuestro conocimiento y comprensión de los feminismos en evolución y su interacción con el postfeminismo (Jackson, 2018; Keller, 2015).

No obstante, diversos actores del ámbito educativo, como docentes, especialistas en género y responsables de género en instituciones educativas, han expresado preocupación por las barreras y discursos antifeministas que han surgido entre el alumnado en los últimos años. Estas nuevas narrativas niegan, entre otras cosas, la existencia de la desigualdad de género, argumentando que el feminismo exagera o inventa los problemas relacionados con la desigualdad y que vivimos en una sociedad equitativa en la que ya no es necesario luchar por los derechos de las mujeres. Además, rechazan el término „feminismo" al considerarlo un movimiento exclusivo para mujeres que no reconoce las dificultades que enfrentan los hombres (Ging y Siaspera, 2019).

A pesar de que algunas instituciones han comenzado a realizar campañas específicas, todavía faltan estudios que analicen en profundidad la situación actual. En este contexto, nuestra investigación se propone examinar las ideas antifeministas entre el alumnado de la UPV/EHU. El valor social del proyecto será relevante tanto para la educación superior como para las organizaciones dedicadas a la formación feminista en otros ámbitos (secundaria, bachillerato, ocio y tiempo libre, etc.). Dado que el proyecto busca conocer la opinión, conocimientos y representaciones sociales del alumnado de educación (futuros educadores y educadoras) sobre temas clave dentro de la estrategia formativa, resulta crucial entender sus perspectivas, ya que en el futuro cercano formarán a la infancia y juventud.

En resumen, esta investigación se enfoca en explorar las actitudes antifeministas entre los estudiantes de educación de la UPV/EHU, incluyendo áreas como Educación Infantil, Educación Primaria, Educación Social, Pedagogía y el Máster en Formación del Profesorado. El estudio es exploratorio y no parte de hipótesis preconcebidas.

## Metodología

### Procedimiento

Tras obtener la aprobación del Comité de Ética (Ref.: M10/2023/141), se comenzó el proceso de reclutamiento de participantes para la investigación. La encuesta diseñada incluía preguntas que se respondían de diferentes maneras: a) evaluando el grado de acuerdo con las afirmaciones en una escala Likert del 1 al 5; b) eligiendo opciones de respuesta predefinidas en menús desplegables (por ejemplo, Género: mujer, hombre, no binario); y c) proporcionando respuestas abiertas, donde se solicitaba a los participantes que describieran las ideas antifeministas presentes en su entorno y el grado en que ellos mismos, sus amistades y la juventud en general se alineaban con esas ideas.

## Muestra

La muestra está formada por 252 estudiantes, con una edad promedio de 21 años (sd=5,64). La distribución es la siguiente: 38,89% en Educación Primaria, 28,17% en Educación Infantil, 21,8% en el Máster en Formación del Profesorado, 9,13% en Educación Social y 2,38% en Pedagogía. En cuanto al año de estudio, el 30,15% está en primer año, el 28,17% en segundo, el 11,90% en tercero, el 7,94% en cuarto y el 21,83% en el Máster.

En una escala del 1 al 5, la media de la autoidentificación como feminista fue de 3,96 (sd=0,97), mientras que el apoyo a la igualdad de género entre mujeres y hombres obtuvo una media de 4,83 (sd=0,48).

## Análisis

Para analizar el corpus de respuestas abiertas se empleó el software Iramuteq para el análisis léxico. Mediante este método, que sigue un formato de análisis de clústeres jerárquico descendente, el analista obtiene una serie de clases y claves estadísticas en forma de palabras y segmentos de texto típicos (Idoiaga & Belasko, 2019). En concreto, el software identifica las palabras y segmentos de texto con los valores de Chi-cuadrado más altos, es decir, aquellas palabras y segmentos de texto que mejor identifican cada clase o idea que los participantes han mencionado repetidamente.

## Resultados

A continuación, se describirán las ideas antifeministas principales mencionadas por los y las participantes.

## El feminismo no busca la igualdad

La primera idea que mayormente mencionan los y las participantes con un 31,87% del peso total es que el feminismo no busca la igualdad sino la superioridad de la mujer frente al hombre. Esta idea la mencionan más el estudiantado más joven, es decir los y las que están en el primer curso (p< 0,01), y aunque ellos y ellas dicen no estar de acuerdo con esta afirmación (p<0,005), creen que tanto sus amigos o amigas (p<0,05) como la gente joven (p<0,05) sí que lo están a un nivel medio (con una puntuación de 3 en una escala del 1 al 5).

Las frases más significativas que expusieron los y las participantes para explicar esta idea fueron:

- Es que las feministas de hoy en día no buscan la igualdad, muchos creen que el feminismo ahora es una moda y que la gente lo que busca no es la igualdad si no hembrismo ($X^2$= 658,46)

- La última idea antifeminista es que la gente dice que el feminismo no busca la igualdad entre el hombre y la mujer, sino que busca empoderar a la mujer y que sean superiores a los hombres ($X^2$= 646,41)

- La idea más antifeminista que he escuchado es la de que el feminismo no busca una igualdad entre hombres y mujeres, sino que busca la superioridad del sexo femenino ($X^2$= 643,87)

- Hay gente que dice que ni machismo ni feminismo, sino que se busca la igualdad y eso da a entender que el feminismo no busca la igualdad ($X^2$= 630,07)

- El feminismo busca la destrucción del hombre, ni machismo ni feminismo, yo creo en la igualdad ($X^2$= 617,45)

- Ni feminismo ni machismo, yo busco la igualdad, el feminismo no busco la igualdad ($X^2$= 614,01)

- El feminismo no es un movimiento que fomente la igualdad entre el hombre y la mujer, sino que es un movimiento que busca mayormente la superioridad de la mujer ($X^2$= 608,60)

Pretenden cobrar lo mismo, aunque no se lo merezcan

La segunda idea que mencionan los y las participantes con un 31,42% del peso total está ligada al mundo laboral. Los y las participantes exponen que las mujeres viven una discriminación positiva en el trabajo que no se lo merecen, es decir, que cobran más o que cobran lo mismo, aunque no puedan hacer todas las tareas de los hombres y que además tienen ventajas para trabajar en algunos sectores. Esta idea la mencionan más el estudiantado que se considera feminista a nivel medio (puntuación de 3 en una escala de 1 al 5). Además, los y las participantes están a favor de esta idea a nivel medio (con una puntuación de 3 en una escala del 1 al 5), pero creen que tanto sus amigos o amigas ($p < 0,05$) como la gente joven ($p < 0,005$) sí que lo están a un nivel alto (con una puntuación de 4 o 5 en una escala del 1 al 5).

Las frases más significativas que expusieron los y las participantes para explicar esta idea fueron:

- Las mujeres que juegan a futbol y cobran más de lo que generan haciendo exactamente el mismo trabajo haciendo que parte de su sueldo lo pagan sus compañeros del deporte por lo que están sobre pagadas ($X^2 = 295.24$)

- Lo de que las mujeres hoy en día cobran menos que los hombres por el mismo puesto de trabajo es mentira ($X^2 = 281.41$)

- Es mentira que teniendo el mismo trabajo las mujeres cobren menos que los hombres ($X^2 = 266.99$)

- Las pruebas de las oposiciones para acceder a los cuerpos de seguridad y protección del estado o de los bomberos son más fáciles para las mujeres y técnicamente deben desempeñar el mismo trabajo ya que luego se espera cobrar el mismo sueldo $X^2 = 266.04$)

- Las mujeres no deberían de cobrar lo mismo que los hombres al entrar en el cuerpo policial o en los bomberos debido a que sus pruebas físicas exigen menos ($X^2 = 265.44$)

- Para ciertos trabajos donde se requiere destreza física exigir el mismo nivel en cuanto a rendimiento físico entre hombres y mujeres esto generaría una clara desventaja en contra de la mujer y provocaría una gran bajada en la cantidad de mujeres en ese tipo de trabajos ($X^2 = 264.56$)

- Que las mujeres no merecen el mismo dinero que los hombres por exactamente el mismo trabajo y el mismo esfuerzo por que en el deporte se gana lo que generas ($X^2 = 259.37$)

## Las mujeres tienen más derechos y beneficios a nivel legal

La tercera idea que mencionan los y las participantes con un 16,20% del peso total está ligada a los derechos sociales y jurídicos. Los y las participantes exponen que las mujeres tienen más derechos sociales y jurídicos que los hombres y que muchas veces se aprovechas de ellos. Los y las participantes dicen no estar de acuerdo con esta afirmación ($p<0,0001$) ni que sus amistades tampoco lo están ($p<0,01$), aunque la gente joven ($p<0,05$) sí que lo están a un nivel medio (con una puntuación de 3 en una escala del 1 al 5).

Las frases más significativas que expusieron los y las participantes para explicar esta idea fueron:

- Dicen que las mujeres únicamente por ser de género femenino hoy en día tienen más derechos que los hombres y que por esa misma razón por ejemplo en un juicio simplemente por ser mujer va a ganar aun teniendo el hombre la razón ($X^2 = 245,41$)

- Que los hombres sufren la misma cantidad de violencia que las mujeres o mas ($X^2 = 206,65$)

- Hombres y mujeres tienen los mismos derechos y el feminismo promueve el hembrismo sin saber que muchas mujeres ponen falsas denuncias estos casos son muy escasos y muchas veces no salen adelante ($X^2 = 205,65$)

- Hay una gran cantidad de denuncias falsas en la actualidad las mujeres pueden hacer esto con total impunidad y perjudicar a personas inocentes ($X^2$= 204,75)

- Una de las frases que más me ha sorprendido escuchar a lo largo de los años ha sido la siguiente las mujeres hoy en día ponen denuncias falsas para hacer la vida imposible a un hombre y se les acepta todo ($X^2$= 200,45)

- Con la nueva ley de si es si muchos hombres se creen que ya no se puede casi ni hablar a las mujeres ya que a la mínima recibirían una denuncia y tendrán graves consecuencias ($X^2$= 198,45)

- Las mujeres mienten y ponen denuncias falsas sobre violencia de género porque la ley les ampara ($X^2$= 194,65)

## Las mujeres se deben ocupar de las tareas de casa

La cuarta idea que mencionan los y las participantes con un 11,47% del peso expone la idea de que las mujeres se deberían de ocupar de las tareas del hogar. Sin embargo, cabe destacar que exponen que ni los y las participantes ($p<0,01$), ni sus amistades ($p<0,01$) ni la gente joven ($p<0,05$) está de acuerdo con esta afirmación. Por lo tanto, se puede ver como una idea que está en la sociedad, pero no representa a la juventud.

Las frases más significativas que expusieron los y las participantes para explicar esta idea fueron:

- Que las mujeres no trabajen que se queden en casa cuidando a los niños o haciendo tareas de casa ($X^2$= 766,36)

- Las mujeres tienen que ser dueñas de la casa y por tanto cuidar de los hijos hacer las tareas del hogar ($X^2$= 720,50)

- La primera idea antifeminista que escuche fue cuando era pequeña esta idea se trataba de los roles masculinos y femeninos en cuanto a la vida cotidiana por ejemplo las mujeres tienen que estar en casa limpiar cocinar cuidar a las hijos etc, ($X^2$= 710,97)

- Que las mujeres tenemos una capacidad innata para cuidar a niños y hacer las tareas de casa al contrario que los hombres ($X^2$= 705,14)

- Que las mujeres tienen que estar en casa para cuidar a los niños y limpiar la casa ($X^2$= 697,00)

- Las mujeres tienen que quedar en casa y ocuparse de las tareas del hogar y de los niños ($X^2$= 674,15)

- Que las mujeres deberían mantenerse en casa cuidando hijos y limpiando ($X^2$= 665,73)

## Las mujeres son provocadoras

La quinta y última idea que mencionan los y las participantes con un 9,04% del peso expone la idea de que las mujeres de deberían de que las mujeres van provocando a los hombres por la calle y que luego se ofenden a nada que estos les digan algo. Esta idea la mencionaron más los y las participantes de cuarto curso ($p< 0,001$) y además las que se consideraban feministas reportaron haberla oído más ($p<0,05$). Asimismo, aunque ellos y ellas dicen no estar de acuerdo con esta afirmación ($p<0,005$), creen que tanto sus amigos o amigas ($p<0,05$) como la gente joven ($p<0,05$) sí que lo están a un nivel medio (con una puntuación de 3 en una escala del 1 al 5).

Las frases más significativas que expusieron los y las participantes para explicar esta idea fueron:

- Que dependiendo de cómo vayamos vestidas estamos pidiendo o provocando que nos ocurran ciertas cosas inexcusables ($X^2$= 522,86)

- Si una mujer en una discoteca baila de una forma en concreto o va vestida de una forma en concreto decir que lo hace porque quiere provocar ($X^2$= 429,79)

- Si vas así vestida normal que te digan cosas o te pase algo ($X^2$= 420,54)

- Si vas provocando o por lugares que son peligrosos luego normal que te ocurran cosas ($X^2$= 406,32)

- Que una mujer sea sexualizada por su forma de vestir y que la culpen de ello porque va provocando ($X^2$= 396,57)

- Chillidos por la calle por ir vestida de manera que para algunos parece provocativa ($X^2$= 342,98)

- La poca ropa va provocando la edad así que el agresor no tiene la culpa ($X^2$= 336,85)

## Conclusiones

Este estudio buscaba identificar las principales ideas antifeministas que circulan entre los jóvenes y determinar el grado de apoyo que ellos brindan a estas creencias.

Sin embargo, el grado de adhesión a cada idea varía. La menor aceptación se encuentra en la creencia de que las mujeres deben encargarse de las tareas domésticas (11,47%). Los participantes no consideran que ellos mismos, sus amistades o la juventud en general respalden esta afirmación, viéndola como una idea desfasada.

La idea de que las mujeres reciben más derechos y beneficios legales que los hombres (16,20%) es vista por los participantes como una creencia poco compartida por ellos mismos y sus amistades, pero con un respaldo moderado entre los jóvenes en general. Resulta notable que ya se discutan temas como el perjuicio hacia los padres en los procesos de divorcio, un discurso vinculado a los „derechos de los hombres" que, aunque aún no es ampliamente aceptado, empieza a tener influencia entre los jóvenes.

En cuanto a la creencia de que las mujeres son provocadoras, hay una mayor adhesión. Los participantes no están de acuerdo, pero sus amistades y la juventud en general muestran una aceptación media. Esta idea puede ser peligrosa porque podría justificar las agresiones hacia mujeres que no se visten „adecuadamente" y hacer que las mujeres asuman la culpa de los ataques que sufren. Además, el concepto de que el feminismo no busca la igualdad, aunque reporta un alto desacuerdo del 31,87%, sugiere que muchos no ven al feminismo y la igualdad de género como sinónimos. Este es un tema preocupante ya que hay una tendencia en la literatura a diferenciar entre un feminismo „bueno" y uno „malo". Es crucial trabajar y legitimar el concepto de feminismo.

Finalmente, la idea con mayor cercanía para los participantes es que algunas mujeres buscan cobrar lo mismo que los hombres, aunque no lo merezcan. Los participantes muestran un apoyo medio a esta idea, considerando que sus amistades y la juventud en general también están bastante de acuerdo. Se observa que los ámbitos más mencionados son el fútbol y los cuerpos oficiales como los bomberos, donde persisten brechas salariales que el estudiantado percibe como justificadas. Esto sugiere que es un tema urgente para abordar.

## Referencias bibliográficas

Adams, E., Del Busso, L., Foster, N., Majumdar, A., Marzano, L., & Papadima, M. (2007). Being young feminists: Discussions and (dis) contents. *Feminism & Psychology, 17*(3), 291–294.

Aronson, P. (2003). Feminists or "postfeminists"? Young women's attitudes toward feminism and gender relations. *Gender and Society, 17*(6), 903–922. http://www.jstor.org/stable/3594676

Delmar, R. (2018). What is feminism? In A. C. Herrmann & A. J. Stewart (Eds.), *Theorizing feminism* (pp. 5–28). Routledge.

Ging, D., & Siapera, E. (Eds.). (2019). *Gender hate online: Understanding the new anti-feminism*. Springer.

Idoiaga, N. & Belasko M. (2019). Understanding menstruation: Influence of gender and ideological factors. A study of young people's social representations. *Feminism & Psychology, 29*(3), 357-373.

Jackson, S. (2018). Young feminists, feminism and digital media. *Feminism & Psychology, 28*(1), 32–49.

Keller, J. (2015). *Girls' feminist blogging in a postfeminist age*. Routledge.

Loke, J., Bachmann, I., & Harp, D. (2017). Co-opting feminism: Media discourses on political women and the definition of a (new) feminist identity. *Media, Culture & Society, 39*(1), 122– 132.

Ramsey, L. R., Haines, M., Hurt, M., Nelson, J. A., Turner, D. L., Liss, M., & Erchull, M. J. (2007). Thinking of others: Feminist identification and the perception of others' beliefs. *Sex Roles, 56,* 611–616.